23e ÉDITION

MGR FREPPEL

ÉVÊQUE D'ANGERS, DÉPUTÉ DU FINISTÈRE

La Révolution

Française

A PROPOS DU

CENTENAIRE DE 1789

A. ROGER ET F. CHERNOVIZ,

ÉDITEURS, PARIS.

LA
RÉVOLUTION FRANÇAISE

CHEZ LES MÊMES ÉDITEURS

LA
RÉVOLUTION FRANÇAISE

A PROPOS DU

CENTENAIRE DE 1789

PAR

MONSEIGNEUR FREPPEL

ÉVÊQUE D'ANGERS
DÉPUTÉ DU FINISTÈRE

Vingt-troisième édition

PARIS

A. ROGER ET F. CHERNOVIZ, LIBRAIRES-ÉDITEURS
7, RUE DES GRANDS-AUGUSTINS, 7

1889

AVANT-PROPOS

Un siècle nous sépare des événements qui ont marqué le début de la Révolution française. C'est dire assez que nous nous trouvons aujourd'hui à une distance suffisante des faits pour être en état de les apprécier sans y apporter trop de précipitation. Sans doute, il serait téméraire de prétendre que la Révolution est arrivée à ses dernières conséquences et qu'elle a parcouru un cycle désormais fermé; il serait plus juste de penser que, loin d'avoir atteint son terme, elle poursuit sa marche, allant d'une étape à l'autre. Mais, depuis cent ans, elle a traversé tant de phases, épuisé tant de formules, qu'on peut déterminer dès maintenant son rôle dans l'histoire de la France en particulier et de l'humanité en général. Ainsi était-il devenu facile, un siècle après la prétendue Réforme, de tracer le cadre où le protestantisme allait se renfermer pour toujours avec ses incertitudes et ses variations.

Car il en est, à certains égards, de la Révolution française comme de la Réforme : l'une et l'autre constituent un mouvement d'idées

qui dépasse de loin les limites d'un siècle ou
d'un pays. Si tout s'était borné en 1789 et en
1793 à renverser une dynastie, à substituer
une forme de gouvernement à une autre, il n'y
aurait eu là qu'une de ces catastrophes dont
l'histoire nous offre maint exemple. Mais la
Révolution française a un tout autre caractère : elle est une doctrine, ou, si l'on aime
mieux, un ensemble de doctrines, en matière
religieuse, philosophique, politique, sociale.
Voilà ce qui lui donne sa véritable portée ;
et c'est à ces divers points de vue qu'il convient de se placer, pour la juger en elle-même
et dans son influence sur les destinées de la
nation française, comme aussi sur la marche
générale de la civilisation.

Tout nous convie à cet examen loyal et
sincère. Car il est évident que pour chacun de
nos contemporains la manière de voir et d'agir
dépend, en grande partie, de l'idée qu'il se
fait du mouvement de 1789, point de départ
de l'époque actuelle. Hommes et choses, tout
change d'aspect suivant qu'on le limite, en
droit, à des réformes désirées par tous et
accomplies dans le sens même de l'histoire
religieuse et civile de notre pays, ou bien
qu'on se félicite de l'avoir vu aboutir, en
fait, à une révolution radicale inspirée et
gouvernée par les maximes des philosophes
du dix-huitième siècle, surtout par celles
du *Contrat social* de Rousseau. C'est bien
ainsi que l'entendent les promoteurs du centenaire de 1789 : après un siècle d'expé-

riences, ils estiment que l'heure est venue
de glorifier solennellement la Révolution française; et, par conséquent, ils nous obligent
de rechercher à notre tour si les faits nous
permettent de nous associer à leurs joies et
à leurs espérances.

Cette recherche est, en effet, plus ᵣcile à
l'heure actuelle que dans les temps antérieurs
au nôtre. Sous l'Empire comme sous la Restauration et sous la Monarchie de 1830, institutions et lois, tout se ressentait de certaines
influences étrangères à la Révolution; et, par
suite, il était devenu moins aisé de distinguer
ce qui lui appartenait en propre et ce qui
venait d'ailleurs. De là bien des illusions, pour
ne pas dire des sophismes. Aujourd'hui que
le régime politique et social de la France tend
de plus en plus à remonter aux pures traditions
révolutionnaires, la question, dégagée d'éléments secondaires et transitoires, a beaucoup
gagné en clarté et en précision; et l'on pourrait, ce semble, la résumer en ces termes :

Qu'est-ce que la Révolution a fait de la
France? A-t-elle résolu, après cent ans de
durée, un seul des problèmes qu'elle s'était
posés à l'origine, et d'où vient cette impuissance? Est-ce à elle que l'on doit attribuer une
seule des réformes raisonnables et sensées, accomplies depuis un siècle, dans l'ordre civil,
politique et social, ou bien ces réformes au-
raient-elles été opérées sans elle, plus sagement, plus équitablement et plus sûrement?
A-t-elle réalisé les maximes de liberté, d'éga-

lité et de fraternité, ou bien a-t-elle produit, sous des formes qui lui sont particulières, le despotisme et la haine des partis? Peut-elle se flatter d'avoir contribué soit aux progrès de la science, soit à l'amélioration du sort des travailleurs? Quelle est au contraire sa part dans le plus grand fléau du monde moderne, le militarisme sans trève ni limites? Comment se fait-il que, loin de se laisser gagner par ses exemples, les nations civilisées se détournent d'elle, à mesure que l'on s'éloigne davantage de son origine? Telles sont les questions qu'il importe de résoudre, à la veille du centenaire de 1789, pour savoir si, loin de pouvoir être considérée comme un bienfait, la Révolution française n'est pas l'un des événements les plus funestes qui aient marqué dans l'histoire du genre humain.

LA
RÉVOLUTION FRANÇAISE

A PROPOS DU

CENTENAIRE DE 1789

───

I

RÉFORMES ET RÉVOLUTION

Le mouvement de 1789 devait être, selon le désir général, un mouvement réformateur, et il est devenu, pour des causes que j'indiquerai plus loin, un mouvement révolutionnaire. C'est à la fois son vice et sa condamnation.

Je le disais, il y a quelques années : « Vers la fin du siècle dernier, il s'est produit dans la société française un mouvement d'idées dont rien ne permet encore de prévoir le terme. Jusque-là, on avait bien vu des nations modifier sur quelques points les conditions

de leur vie publique, suivant les besoins des
temps et l'état des esprits; et, dans le cours
de sa longue histoire, la France elle-même
n'avait pas manqué, à maintes reprises,
d'approprier à des situations nouvelles son
régime civil et politique. Dans de pareilles
réformes, inspirées par la justice et conduites
avec sagesse, il n'y a rien qui ne soit conforme
aux vues de la Providence et à l'ordre naturel
des choses. Mais une nation, rompant brusquement avec tout son passé, faisant, à un
moment donné, table rase de son gouvernement, de ses lois, de ses institutions, pour
rebâtir à neuf l'édifice social, depuis la base
jusqu'au sommet, sans tenir compte d'aucun
droit ni d'aucune tradition; une nation réputée
la première de toutes, et venant déclarer à la
face du monde entier qu'elle a fait fausse
route depuis douze siècles, qu'elle s'est
trompée constamment sur son génie, sur sa
mission, sur ses devoirs, qu'il n'y a rien de
juste ni de légitime dans ce qui a fait sa grandeur et sa gloire, que tout est à recommencer
et qu'elle n'aura ni trêve ni repos tant qu'il
restera debout un vestige de son histoire : non,
jamais spectacle aussi étrange ne s'était offert
aux regards des hommes (1). »

Etait-ce donc bien le vœu de la nation,
en 1789, que la France déchirât, en un jour
de colère, sa glorieuse histoire pour se lancer

_____

(1) Discours prononcé à l'inauguration du monument du
général Lamoricière, 1879.

dans le plus terrible des inconnus? Pas le moins du monde. Je viens de relire attentivement les cahiers dans lesquels clergé, noblesse et tiers-état avaient déposé l'expression libre et sincère de leurs vœux et de leurs sentiments; car « il n'y eut jamais d'élections plus libres que celles de 1789 (1) ». On n'y trouve rien de pareil (2). Tout le monde est d'accord pour conserver les bases fondamentales de la société française : le gouvernement monarchique, l'inviolabilité de la personne sacrée du roi et l'hérédité de la couronne de mâle en mâle; la religion catholique dominante, ayant seule le culte public dans le royaume, etc. (3). Rien de tout cela n'est mis en question dans aucun cahier, et le tiers-état ne se montre pas le moins enthousiaste lorsqu'il s'agit de témoigner son attachement à la royauté (4). C'est donc un

(1) Ch. Chassin. *Le génie de la Révolution*, t. Ier, *les élections de* 1789, *d'après les brochures, les cahiers et les procès-verbaux manuscrits*, p. 217. L'auteur est un panégyriste enthousiaste de la Révolution.

(2) *Résumé général* ou extrait des cahiers de pouvoirs, instructions, demandes et doléances, remis par les divers baillages, sénéchaussées et pays d'État du royaume à leurs députés à l'Assemblée des États généraux ouverts à Versailles le 4 mai 1789, par une société de gens de lettres, publié par le sieur Prudhomme, 3 volumes, Paris, 1789.

(3) *Rapport sur le dépouillement des cahiers* par le comte de Clermont-Tonnerre, le 27 juillet 1789. (*Histoire parlementaire*, t. II, p. 177.) — « Que la religion catholique demeure loi du royaume, mais que les autres communions chrétiennes ne soient point inquiétées, tant qu'elles ne troubleront ni les mœurs ni la tranquillité publiques : voilà tout ce que la noblesse et le tiers-état désirent. » *Les cahiers de* 89, par Léon de Poncins. Paris, 1886, p. 146.

(4) Chassin, t. Ier, Tiers-État de Bordeaux, de Nantes, de

fait absolument avéré, un fait hors de tout
conteste, que l'idée d'une révolution radicale
est totalement absente de ces cahiers préparés
par l'élite intellectuelle de la nation, écrits par
les commissaires élus de chaque assemblée
plébéienne, noble, ecclésiastique, discutés,
comparés, et enfin approuvés par la masse des
électeurs délibérant et votant en pleine liberté.
C'est là qu'il faut chercher le véritable sentiment de la nation française à la veille de 1789.
Comme le disait Mounier : « On voulait détruire
les abus et non renverser le trône (1); » on voulait opérer des réformes et non faire une révolution

Oui, on voulait détruire les abus, et ils
étaient graves, nombreux; on voulait opérer
des réformes, unanimement et à bon droit :
réforme de privilèges qui, utiles autrefois au
bien général, n'avaient plus, pour la plupart,
la même raison d'être; réforme dans l'assiette,
la répartition et le recouvrement de l'impôt;
et, par-dessus tout, rappel de la Constitution
française à ses vrais principes, consentement
de la nation à la levée de l'impôt et participation de ses représentants à la confection des
lois, suivant le vieil adage : *Lex consensu populi
fit et constitutione regis :* voilà quels étaient les
vœux légitimes de toutes les classes de la société française vers la fin du siècle dernier. Je

Bar-le-Duc, de Rouen, de Paris, de Vannes, du Forez, etc.,
p. 240 et suiv.
(1) Mounier, *Recherches sur les causes qui ont empêché les
Français de devenir libres*, t. I*er*, p. 249.

ne suis pas de ceux qui admirent sans réserve l'œuvre de Richelieu et de Louis XIV, tant à l'intérieur qu'à l'extérieur. Les plaintes de Bérulle, de Vauban, de Bois-Guillebert, de Fénelon et d'autres esprits non moins clair-voyants, n'étaient que trop fondées. Il est à jamais regrettable que la monarchie, déviant de sa ligne traditionnelle, se soit développée dans le sens de l'absolutisme; que depuis 1614 jusqu'en 1789, on n'ait pas songé une seule fois à convoquer les États généraux pour associer la représentation nationale à la chose publique et pour prévenir le désordre financier à l'aide d'un contrôle efficace; que le régime des intendants, appliqué outre mesure, ait amoindri l'action des corps électifs au profit d'une centralisation destructive des libertés municipales et provinciales; que la noblesse, au lieu de constituer, comme en Angleterre et ailleurs, une vraie force politique, en ait été réduite à n'être plus, trop souvent, qu'un simple décor; et, enfin, que des coutumes surannées, ne répondant plus à aucun intérêt sérieux, se soient maintenues si longtemps, au risque de mécontenter les populations, moins sensibles à la perte d'un droit politique qu'aux vexations provenant des abus du droit de colombier et du droit de chasse (1). Sur tous

(1) Les cahiers du Tiers-État sont remplis de ces doléances si légitimes, mais auxquelles il était assurément facile de faire droit sans détruire pour cela ni la monarchie ni la religion. *Cahiers du Tiers*, p. 289 et suiv., p. 329 et suiv.

ces points, et sur d'autres encore, la nation française était parfaitement fondée à réclamer des réformes. Rien de plus conforme à la justice comme aux vraies traditions du pays, que de demander le redressement des abus qu'une longue suite de siècles avait pu introduire dans l'ordre civil, politique et social.

Mais ce qu'il ne faut pas se lasser de dire et de répéter, pour l'appréciation saine et équitable des événements de 1789, c'est que, ces abus, nul ne songeait à les maintenir; ces réformes, tout le monde était d'accord pour les opérer. Jamais, à aucune époque ni dans aucun pays, on n'avait vu, de la part d'un gouvernement ou d'un ordre politique, autant de générosité et de bonne volonté pour la transformation pacifique d'un état social. On y apportait même un enthousiasme irréfléchi, témoin cette nuit du 4 août, où noblesse et clergé allaient sacrifier leurs privilèges sans restriction, sans aucune réserve des droits acquis, et au risque de blesser, par là même, au détriment de tiers intéressés dans la question, la justice et l'équité. Mais bien auparavant et en dehors de toute pression des événements ultérieurs, les ordres, jusqu'alors privilégiés, avaient spontanément et solennellement renoncé à toute exemption en fait d'impôts et de contribution aux charges publiques (1). Le clergé, en particulier, eu

(1) Assemblée des notables, *déclaration du roi au mois d'avril* 1787. — *Résumé des cahiers*, par Prudhomme, t. Ier, clergé, p. 197 et suiv.; t. II, noblesse, p. 182 et suiv.

égard « aux besoins de l'État, qui est la
suprême loi », avait réclamé la participation
proportionnelle de tous les citoyens, dans la
plus exacte égalité, et sans aucune exception
quelconque, à toutes les charges pécuniaires;
un seul et même régime de perception de
l'impôt pour les trois ordres; la modification,
le rachat ou la suppression totale de la taille,
des corvées, des droits d'aides et gabelles (1).
A l'abandon de privilèges, justifiés jusqu'alors
par les charges qui lui incombaient pour l'enseignement, pour l'entretien des églises et des
hospices, plusieurs de ses cahiers ajoutaient
le vœu que la classe des journaliers fût affran-
chie de tout impôt, et que jamais, sous
prétexte de retard, le pauvre de la ville et de
la campagne ne pût être dépouillé des meubles,
ustensiles et outils qui lui sont nécessaires
pour gagner sa vie et faire subsister sa famille (2).

Même accord, j'oserais presque dire même
unanimité sur la plupart des autres réformes
estimées nécessaires à la veille de 1789. Pé-
riodicité triennale ou quinquennale des États
généraux; consentement indispensable des
représentants de la nation à l'établissement
d'un impôt quelconque; le pouvoir législatif
partagé entre le roi et la nation, et le pouvoir
exécutif réservé au roi dans toute sa plénitude,
un code de lois uniforme pour tout le royaume;

(1) *Résumé des cahiers*, finances, § 4; agriculture, § 5.
(2) *Ibid.*, pp. 209 et 204.

les barrières de douane reculées jusqu'aux
frontières du pays, au lieu de séparer une
province de l'autre; des États provinciaux
formés sur le plan des États généraux et seuls
chargés de l'administration de la province,
excepté la puissance exécutrice; les tribunaux
se bornant aux seules fonctions judiciaires
sans usurpation du pouvoir législatif; la liberté
individuelle de tous les citoyens placée sous la
sauvegarde de la loi, à l'exclusion des lettres
de cachet et de tout ordre d'arrêt arbitraire;
accessibilité des honneurs, grades et dignités
à tous suivant le mérite et la valeur de chacun :
voilà ce que tout le monde demandait, et ce
que personne ne refusait, pas plus le roi
qu'aucun des trois ordres de l'État. Sans doute,
l'on pouvait discuter ces divers points, aller
même plus avant dans la voie des améliorations,
établir la permanence de la représentation
nationale, partagée en deux Chambres ou réunie
en une seule. Mais, dans quelque mesure que
l'on voulût donner satisfaction aux vœux des
cahiers, il n'était pas nécessaire devant un
accord à peu près général, d'ouvrir une tragédie
sanglante de dix ans suivie depuis lors de
bouleversements périodiques, sans autre profit
que de remettre en question tous les quinze ou
dix-huit ans la fortune de la France.

Aussi n'est-ce pas sans un sentiment de
profond regret que tout patriote sincère peut
et doit se poser cette question : que serait
aujourd'hui la France si le mouvement réformateur de 1789, tel que l'indiquaient les

cahiers dans ses grandes lignes, avait suivi son cours normal et régulier, au lieu de faire place à la Révolution en permanence; si les institutions traditionnelles, rajeunies et fortifiées, s'étaient développées progressivement, selon les besoins et les intérêts du pays; si, au lieu d'osciller depuis cent ans entre la dictature et l'anarchie, le pouvoir s'était maintenu dans le juste équilibre où le vœu général tendait à le placer; si, en économisant dix révolutions et trente années de guerres glorieuses, je le veux bien, mais absolument stériles, la nation française avait su mettre à profit les merveilleuses ressources que la Providence s'est plu à lui ménager. Il n'est pas un homme doué de sens politique qui hésiterait à dire avec nous que si le mouvement réformateur de 1789 s'était opéré dans de telles conditions, la France aurait donné le ton à toute l'Europe chrétienne et qu'elle serait aujourd'hui à la tête du monde entier.

Mais laissons là ce rêve devant la plus triste des réalités. Ce qu'il importe de retenir au début de cette étude comme un fait hors de tout conteste, c'est que les réformes civiles et politiques, j'entends les réformes utiles, sérieuses, légitimes, accomplies en 1789 et depuis cette époque-là, n'ont absolument rien de commun avec la Révolution française. Les cahiers du clergé, de la noblesse et du Tiers-État sont là pour démontrer que toutes ces réformes se seraient opérées sans la Révolution, plus sagement, plus sûrement, plus efficacement.

Car il n'en est pas une seule que la Révolution n'ait ou retardée ou compromise, ou rendue impossible pour longtemps sinon à jamais. Nous pouvons en juger par la situation où nous nous trouvons, à cent ans de là, en face de questions fondamentales dont aucune n'a reçu de solution définitive. Que l'on ne vienne donc pas nous parler d'améliorations attendues et désirées en 1789, dans l'ordre civil et politique : la Révolution française n'est rien de tout cela; elle est tout autre chose; elle est une doctrine et une doctrine radicale, une doctrine qui est l'antithèse absolue du christianisme : de là sa fausseté manifeste, comme aussi je n'hésite pas à le reconnaître, l'importance de son rôle et de son action dans l'histoire du genre humain.

II

LA RÉVOLUTION FRANÇAISE ET LE CHRISTIANISME

La Révolution française est l'application du rationalisme à l'ordre civil, politique et social : voilà son caractère doctrinal, le trait qui la distingue de tous les autres changements survenus dans l'histoire des États. Car, on ne saurait trop le répéter, ce serait s'arrêter à la surface des choses, que d'y voir une simple question de dynastie, ou de forme de gouvernement, de droits à étendre ou à restreindre pour telle ou telle catégorie de citoyens. Il y a là toute une conception nouvelle de la société humaine envisagée dans son origine, dans sa constitution et dans ses fins.

Il ne serait même pas exact de vouloir réduire à une attaque fondamentale contre l'Église catholique l'œuvre commencée par la Constituante, poursuivie par la Législative et la Convention. Assurément la destruction du catholicisme en France, par la constitution civile du clergé d'abord, par la persécution violente, dans la suite, n'a cessé d'être le principal objectif des chefs de la Révolution. Protestants et jansénistes les ont servis de leur mieux par leurs haines communes contre l'Église et la

royauté. Mais si tout s'était réduit à faire
triompher le schisme et l'hérésie, le mouvement antireligieux du dix-huitième siècle n'eût
pas différé sensiblement de celui du seizième ; or, bien que la Réforme lui ait préparé
la voie, en attaquant le principe d'autorité sous
sa forme la plus élevée, la Révolution française
a été bien autrement radicale dans ses néga-
tions. De là vient, comme nous le montrerons
plus loin, que les États protestants eux-mêmes
sont demeurés plus ou moins réfractaires à ses
théories.

Non, ce n'est pas seulement l'Église catholique, sa hiérarchie et ses institutions, que la
Révolution française entend bannir de l'ordre
civil, politique et social. Son principe comme
son but, c'est d'en éliminer le christianisme
tout entier, la révélation divine et l'ordre
surnaturel, pour s'en tenir uniquement à ce
que ses théoriciens appellent les données de
la nature et de la raison. Lisez la « Déclaration des droits de l'homme » soit de 89, soit
de 93, voyez quelle idée l'on se forme, à ce
moment-là, des pouvoirs publics, de la famille,
du mariage, de l'enseignement, de la justice
et des lois : à lire tous ces documents, à voir
toutes ces institutions nouvelles, on dirait que
pour cette nation chrétienne depuis quatorze
siècles, le christianisme n'a jamais existé et
qu'il n'y a pas lieu d'en tenir le moindre compte.
Attributions du clergé en tant que corps politique, privilèges à restreindre ou à supprimer,
tout cela est d'intérêt secondaire. C'est le règne

social de Jésus-Christ qu'il s'agit de détruire et d'effacer jusqu'au moindre vestige. La Révolution, c'est la société déchristianisée; c'est le Christ refoulé au fond de la conscience individuelle, banni de tout ce qui est public, de tout ce qui est social; banni de l'État, qui ne cherche plus dans son autorité la consécration de la sienne propre; banni des lois, dont sa loi n'est plus la règle souveraine; banni de la famille, constituée en dehors de sa bénédiction; banni de l'école, où son enseignement n'est plus l'âme de l'éducation; banni de la science, où il n'obtient plus pour tout hommage qu'une sorte de neutralité non moins injurieuse que la contradiction; banni de partout, si ce n'est peut-être d'un coin de l'âme où l'on consent à lui laisser un reste de domination. La Révolution, c'est la nation chrétienne débaptisée, répudiant sa foi historique, traditionnelle, et cherchant à se reconstruire, en dehors de l'Évangile, sur les bases de la raison pure, devenue la source unique du droit et la seule règle du devoir. Une société n'ayant plus d'autre guide que les lumières naturelles de l'intelligence, isolées de la Révélation, ni d'autre fin que le bien-être de l'homme en ce monde, abstraction faite de ses fins supérieures, divines, voilà dans son idée essentielle, fondamentale, la doctrine de la Révolution.

Or qu'est-ce que cela, sinon le rationalisme appliqué à l'ordre social, rationalisme déiste ou athée? Car, depuis son origine jusqu'à nos

jours, la Révolution française n'a cessé d'osciller entre ces deux termes, allant du déisme
de Voltaire et de Rousseau à l'athéisme de
Diderot et d'Helvétius, mais toujours cons-
tante dans son dessein de déchristianiser un
ordre social où le Christ avait régné pendant
quatorze siècles. La haine du surnaturel restera son trait caractéristique. Au début, elle
semble vouloir respecter certaines vérités dans
lesquelles la philosophie du dix-huitième
siècle résumait la religion naturelle, telles
que l'existence de Dieu et l'immortalité de
l'âme. Le déisme importé d'Angleterre selon
la formule de Bolingbrocke, Collins, Toland,
Tindal, paraît devenu le programme officiel.
C'est en présence de l'Être suprême que les
constituants de 1789 promulguent la « Déclaration des droits de l'homme ». Mais ce docu-
ment même explique, mieux que toute autre
chose, avec quelle facilité et par quel enchaî-
nement rigoureux de faits et d'idées on allait
passer du rationalisme déiste au rationalisme
athée. Tant il est vrai que dans un pays où
la logique exerce un si grand empire, on s'ar-
rête difficilement à moitié chemin, du moment
qu'on déserte la tradition pour se lancer dans
l'inconnu !

C'est en présence de l'Être suprême que les
constituants de 1789 font leur déclaration
de principes. Fort bien ! Mais cette mention
de Dieu en tête de leur profession de foi
est-elle autre chose qu'un hors-d'œuvre ? A-t-
elle la moindre influence sur l'ensemble de

leurs doctrines politiques et sociales? Est-ce
en Dieu qu'ils cherchent le principe et la
source de l'autorité? Nullement : c'est dans
l'homme, et dans l'homme seul. La loi est-
elle pour eux l'expression de la raison et de
la volonté divines déterminant et ordonnant
ce qu'il faut faire et ce que l'on doit éviter?
Pas le moins du monde. La loi est pour eux
l'expression de la volonté générale, d'une
collectivité d'hommes qui décident en dernier ressort et sans recours possible à aucune
autre autorité, de ce qui est juste ou injuste. Existe-t-il, à leurs yeux, des vérités
souveraines, des droits antérieurs et supérieurs à toute convention positive, de telle
sorte que tout ce qui se ferait à l'encontre
serait nul de plein droit et non avenu? Ils
n'ont même pas l'air de soupçonner l'existence de ce principe en dehors duquel tout
est livré à l'arbitraire et au caprice d'une
majorité. Si le peuple est souverain, y a-t-il
au moins des limites à cette souveraineté dans
des lois que Dieu, législateur suprême, impose
à toute société? Pas un mot indiquant qu'une
déclaration des droits de l'homme implique
nécessairement une déclaration corrélative de
ses devoirs. Dans le système philosophique
des constituants de 1789, qui est la vraie doctrine de la Révolution française, tout part de
l'homme et revient à l'homme, sans aucun
égard à une loi divine quelconque. La nature
et la raison humaine sont l'unique source et
la seule mesure du pouvoir, du droit et de la

justice. C'est par suite et en vertu d'un contrat
d'intérêts que les hommes se réunissent en
société, font des lois, s'obligent envers eux-
mêmes, sans chercher en dehors ni au-dessus
d'eux le principe de l'autorité et le lien de
l'obligation. Plus de droit divin d'aucune sorte;
la justice est humaine, toute humaine, rien
qu'humaine. Peu importe, par conséquent,
qu'on laisse le nom de l'Être suprême au
frontispice de l'œuvre comme un décor ou un
trompe l'œil : en réalité, l'homme a pris la
place de Dieu, et la conséquence logique de
tout le système est l'athéisme politique et
social.

Il ne s'agira donc plus seulement pour la
Révolution française de détruire l'État chrétien, la famille chrétienne, le mariage chrétien, la justice chrétienne, l'enseignement
chrétien. Non, ce qu'elle se verra conduite
à vouloir établir, par la logique de son principe, c'est l'État sans Dieu, la famille sans
Dieu, le mariage sans Dieu, l'école sans Dieu,
le prétoire sans Dieu, l'armée sans Dieu, c'est-
à-dire l'idée même de Dieu bannie de toutes
les lois et de toutes les institutions. Est-
ce que j'exagère le moins du monde? Est-ce
que, à cent ans de 1789, nous ne retrouvons
pas exactement les mêmes formules dans la
bouche et sous la plume de tous ceux qui
se réclament des plus pures traditions de la
Révolution? Ne sont-elles pas près de passer,
si ce n'est déjà fait, dans le droit public et
dans la pratique quotidienne des choses? On

s'étonne parfois que des hommes de gouvernement cherchent à les appliquer avec tant d'opiniâtreté, au risque de nuire à leurs propres intérêts et de soulever contre eux une bonne partie de l'opinion publique. Mais c'est qu'il est très difficile de se soustraire aux conséquences, tant qu'on retient le principe. Substituer l'homme à Dieu comme principe de la souveraineté, c'était proclamer l'athéisme légal; dès lors, par une suite toute naturelle, cet athéisme officiel ne pouvait manquer d'imprimer sa marque à toutes les manifestations de la vie publique. C'est le triste spectacle que nous avons sous les yeux; et, pour en être surpris, il faudrait ne pas se rendre un compte exact de ce qu'il y au fond du mouvement révolutionnaire de 1789.

Car, on voudra bien le remarquer, ce n'est pas dans les excès ni dans les crimes de 1793 que nous cherchons le caractère doctrinal de la Révolution française. Certes, ces épouvantables forfaits ont une relation directe avec les vœux que formait Diderot :

Et ses mains, ourdissant les entrailles du prêtre,
En feraient un cordon pour le dernier des rois (1).

Sous l'excitation d'un demi-siècle de diatribes furieuses et de calomnies atroces, on vit surgir en France une bande de scélérats tels qu'il ne s'en était jamais vu sur la scène du monde. Auprès des forcenés dont je ne veux même

(1) Diderot, le Éleuthéromanes.

pas citer les noms, les Césars païens les plus
cruels pouvaient passer pour des hommes
modérés; et c'est avec raison que Macaulay
a pu appeler ces massacres à froid « le plus
horrible événement que raconte l'histoire ».
Tant il est vrai que l'idée de Dieu une fois
disparue, il fait nuit dans l'âme humaine, et
qu'on peut y prendre au hasard le vice pour
la vertu, et le crime pour la légalité! Mais
laissons là ces pages sanglantes pour aller au
fond des doctrines. Ce n'est pas en 1793, mais
bien en 1789 que la France a reçu la blessure
profonde dont elle souffre depuis lors, et qui
pourra causer sa mort si une réaction forte
et vigoureuse ne parvient pas à la ramener
dans les voies d'une guérison complète. C'est
en 1789 qu'en renonçant à la notion de peuple
chrétien pour appliquer à l'ordre social le
rationalisme déiste ou athée, ses représentants ont donné au monde le lamentable
spectacle d'une apostasie nationale jusqu'alors
sans exemple dans les pays catholiques. C'est
en 1789 qu'a été accompli, dans l'ordre social,
un véritable déicide, analogue à celui qu'avait
commis, sur la personne de l'Homme-Dieu,
dix-sept siècles auparavant, le peuple juif, dont
la mission historique offre plus d'un trait de
ressemblance avec celle du peuple français. A
cent ans de distance le cri : « Écrasons
l'infâme » a trouvé son écho dans cet autre
cri, expression plus dissimulée, mais non moins
fidèle de la même idée : « Le cléricalisme,
voilà l'ennemi! »

III

LA RÉVOLUTION FRANÇAISE ET L'EUROPE CHRÉTIENNE

Faut-il s'étonner que, avec un tel programme, la Révolution française ait fini par
soulever contre elle toute l'Europe chrétienne?
Car, il serait puéril de vouloir se le dissimuler, à l'heure présente, il n'est pas un État
civilisé qui admette les principes de cette
prétendue régénération du genre humain. Je
sais fort bien que l'on se plaît à dire le contraire, et, pendant toute une année, nous
allons entendre proclamer dans des harangues
pompeuses que la Révolution française a fait le
tour du monde et que ses idées règnent en
souveraines sur les peuples désormais acquis
à sa doctrine. On peut se passer le plaisir
facile de croire ces choses, et plus encore de
les dire; mais ce n'en est pas moins là une
pure fantaisie, et il n'y a pas d'éloquence qui
tienne devant les faits. La vérité est que, plus
l'on s'éloigne de 1789, moins les nations
européennes se montrent disposées à sacrifier
leurs traditions pour la raison pure, et à faire
de l'athéisme la base de leur état social.
Qu'on ait pu s'y tromper à l'origine, et que,
en effet, l'on se soit fait illusion, dans certaines

parties de l'Europe, sur la véritable portée des
événements accomplis en France, je suis loin
de vouloir le contester. Personne n'ignore
l'engouement, passager sans doute, mais réel,
qui en fut la suite, surtout au sein des universités allemandes. Les mots de liberté et
d'indépendance, alors même qu'ils ne servent
qu'à couvrir le despotisme, ne retentissent
jamais dans le monde, sans y produire une
vive impression. Mais c'est encore ici qu'il
importe de distinguer avec soin entre le mouvement réformateur, et le mouvement révolutionnaire de 1789. Je ne saurais trop insister
sur cette différence fondamentale, sans laquelle
on ne fait qu'entasser des sophismes et amasser
des ténèbres. Oui, c'était un noble spectacle
pour l'Europe entière, que de voir une nation
à peu près unanime à réformer les abus qui
s'étaient glissés dans son sein à la suite de
longs siècles d'histoire, cherchant à introduire
plus de justice et d'équité dans les charges et
les relations sociales. Ces réformes, que nous
avons énumérées plus haut, ces réformes légitimes ont exercé une influence salutaire sur
les peuples étrangers, et c'est l'honneur de la
France d'en avoir donné l'exemple. Si c'est
là ce que l'on veut célébrer, nous serons tous
d'accord. Mais quant à l'idée révolutionnaire de
faire table rase du passé, pour reconstruire à
neuf l'édifice social, en dehors de la religion
chrétienne et même de tout principe religieux,
loin d'avoir fait le tour du monde, elle a
rencontré dès le début, comme elle rencontre

encore, et de plus en plus, une vive résistance chez toutes les nations européennes.

Pour peu que l'on y tienne, nous ferons volontiers une exception pour la franc-maçonnerie et pour les sociétés secrètes, pour tous ceux qui, à l'étranger comme en France, rêvaient et rêvent encore la destruction du christianisme et de toute idée religieuse. Il n'est pas étonnant que la Révolution française ait eu et conserve toutes leurs sympathies. N'est-elle pas, en grande partie, leur œuvre? Après les travaux historiques de ces dernières années, il n'est plus permis d'ignorer la parfaite identité des formules de 1789 avec les plans élaborés dans la secte des illuminés, dont Weishaupt et Knigge étaient les promoteurs, et tout particulièrement au Congrès général des loges maçonniques tenu à Wilhemsbad, en 1780 (1). On ne saurait oublier, d'ailleurs, avec quel empressement accoururent à Paris, pour prendre une part active à tous les événements, le Suisse Pache, l'Anglais Payne, le Prussien Clootz, l'Espagnol Guzman, le Neufchâtelois Marat, l'Américain Fournier,

(1) Memoire remis au Congrès de Vérone par le ministre prussien Haugwitz : « C'est en 1777 que je me chargeai de la direction des loges de Prusse, de Pologne et de Russie. J'y ai acquis la ferme conviction que tout ce qui est arrivé en France depuis 1788, la Révolution française, enfin, y compris l'assassinat du roi avec toutes ses horreurs, non seulement avait été décidé dans ce temps, mais que tout avait été préparé par des réunions, des instructions, des serments et des signaux qui ne laissent aucun doute sur l'intelligence qui a tout médité et tout conduit. » (*Histoire et documents sur la franc-maçonnerie*, par le docteur Eckert.)

l'Autrichien Frey, les Belges Proly et Du-
buisson, un prince de Hesse, des Polonais, des
Italiens, des Bataves et des transfuges de tous
les pays, dont la Révolution accepta les services et fit la fortune.

L'élément étranger a donc eu sa grande
part dans le mouvement révolutionnaire de
1789, comme il a continué depuis lors à y être
largement représenté. Ce n'est pas là néan-
moins qu'il faut chercher le véritable sentiment des nations européennes sur la Révolution
française. Au-dessus des adeptes de la franc-
maçonnerie et des sociétés secrètes, il y a les
souverains et les peuples. Or il suffit d'une
simple comparaison pour se convaincre qu'il
existe une contradiction absolue entre l'idée
fondamentale de la Révolution française et
le plan d'après lequel les États européens
poursuivent leur développement historique.
Voilà pourquoi je disais tout à l'heure que,
dans les prochains discours, dont nous avons
déjà entendu l'exorde, à Vizille, au mois de
juillet dernier, on pourra se donner une satisfaction très innocente, mais dénuée de toute
espèce de fondement, en voulant prétendre que
la Révolution a fait le tour du monde.

Ce n'est pas qu'elle n'en ait eu l'ardent
désir. Car, au fond, dût-on traiter de paradoxe
ce qui me paraît l'évidence même, il n'y a rien
de moins français que la Révolution française,
et, la meilleure preuve de ce que j'avance,
c'est qu'elle-même a l'ambition d'être tout
autre chose : ce n'est pas à la France qu'elle

s'adresse, mais au genre humain tout entier ;
elle déclare les droits de l'homme, et non pas
ceux du citoyen français ; elle aspire au rôle de
Messie politique. « Vous êtes appelés à recommencer l'histoire », s'écriait Barrère au moment où les États généraux se réunissaient à
Versailles (1). — « Élevons-nous, écrivait
Sieyès, à la fin de 1788, élevons-nous tout d'un
coup à l'ambition de vouloir nous-mêmes servir
d'exemple aux nations (2). » — « La Révolution, disait Thuriot en 1792, n'est pas seulement pour la France ; nous en sommes comptables à l'humanité (3). » Partant de là, les
révolutionnaires du siècle dernier conçoivent,
à la place du Français réel, historique, marqué
au coin de sa race, avec son caractère et les
qualités qui lui sont propres, un être idéal et
abstrait, qui n'a jamais existé et qui n'existera
jamais nulle part, l'homme de la nature et de
la raison, en dehors de toute particularité de
temps, de lieux, de personnes. C'est pour cette
abstraction qu'ils légifèrent sans tenir compte
ni de l'intérêt national ni des droits historiques. Ne sont-ils pas comptables de leurs
actes à l'humanité et à elle seule ? Il est à
peine besoin de faire ressortir tout ce qu'il y
avait d'absurde dans cette prétention de légiférer pour une nation comme la France,
monarchique dans ses traditions, ses mœurs,
son langage, son génie, et jusque dans la

(1) *Le Point du jour*, n° 1.
(2) *Qu'est-ce que le tiers-état ?* Ch. IV.
(3) Discours du 17 août 1792 à l'Assemblée législative.

moelle de ses os, comme pour une peuplade
d'émigrants en Californie. Cette absurdité,
nous l'avons payée au prix de dix révolutions
successives, faute de pouvoir rentrer dans la
voie historique et traditionnelle d'où nous
sommes sortis. Mais laissons là cette observation dont la justesse saute aux yeux. Ce que
nous voulons constater pour le moment, c'est
que les théories par où se distingue la Révolution française n'ont trouvé de crédit chez aucune
des nations qui font figure dans le monde.

Et, en effet, toutes, sans exception, font
absolument le contraire de ce qu'enseigne la
Révolution française. C'est dans le sens de
l'histoire et de la tradition nationales, que
chacune d'elles dirige ses efforts pour se fortifier et se développer. A l'inverse de la France
si acharnée à détruire de ses propres mains les
éléments de sa grandeur, l'Angleterre est restée
fidèle à ses institutions civiles et politiques, tout
en cherchant à les améliorer progressivement;
et son plus grand soin est de rattacher le présent au passé pour assurer l'avenir. Je ne parle
pas de la Russie : ce n'est, certes, pas elle qui
songerait jamais à passer l'éponge sur son
passé pour « recommencer l'histoire ». On
ferait sourire un homme d'État allemand ou
autrichien, si on lui proposait de détruire de
fond en comble la constitution de son pays,
d'après le *Contrat social* de Rousseau. Il n'est
pas un politique sérieux qui ne comprenne
que les lois et les institutions doivent être
faites en Suède, pour les Suédois, en Espagne

et en Portugal, pour les Espagnols et les Por-
tugais, et non pour un être de raison qui n'est
d'aucun temps ni d'aucun pays. Est-ce du
moins, en Suisse et aux États-Unis, que l'on
songerait à remplacer les droits historiques par
de prétendus droits rationnels, contestables et
toujours contestés? Pas le moins du monde :
rien de plus conforme à leur histoire que la
constitution des cantons suisses, rien de plus
américain que le système fédératif des États-
Unis. Bref, l'idée fondamentale du mouvement
révolutionnaire de 1789, qui est d'écarter la
tradition pour établir l'ordre social sur la
raison pure, n'a prévalu nulle part. La France
reste absolument isolée dans cette tentative
réputée partout ailleurs un suicide et une
folie.

Aussi n'y a-t-il pas lieu d'être surpris de la
répugnance des nations européennes à venir
célébrer le centenaire de 1789. Ce refus ne
s'adresse nullement à la France, à cette nation
brave et chevaleresque, qui, malgré les événements du dernier quart de ce siècle, conserve
les sympathies du monde entier, partout où la
force ne prime pas le droit. Il s'adresse à l'idée
révolutionnaire dont l'Europe chrétienne s'é-
loigne de plus en plus. S'il ne s'était agi que
de rendre hommage aux réformes civiles,
politiques et sociales dont la royauté avait
pris l'initiative et qui étaient dans le vœu
général de la nation, comme elles répondaient
aux intérêts et aux besoins de toute une époque, on aurait eu peine à s'expliquer un iso-

lement que rien n'eût justifié. Mais c'est la
Révolution que l'on entend glorifier, la déchris-
tianisation de l'État, l'athéisme appliqué à
l'ordre social. Voilà ce qui soulève la conscience publique dans l'Europe entière, sauf les
clubs révolutionnaires et les sociétés secrètes.
A l'encontre de l'État sans Dieu, la notion de
peuple chrétien, de nation chrétienne est restée
debout d'une extrémité du monde civilisé à
l'autre.

En veut-on un exemple? Je ne le choisirai
point parmi les anciennes monarchies de l'Europe, mais dans la seule république qui existe
depuis plus de vingt années sur notre conti-
nent : la Suisse. Qu'on juge par là si les États
protestants eux-mêmes sont près d'appliquer à
l'ordre social le rationalisme déiste ou athée, à
l'instar de la Révolution française :

« La Suisse, notre chère patrie, va offrir un
spectacle qui ne saurait laisser personne indifférent : celui d'un peuple recueilli dans le
temple du Dieu qu'il adore, et auquel il vient
offrir ses actions de grâces, ses prières, son
humiliation.

« La cloche du modeste village unira sa voix
à l'appel plus retentissant qui, des hautes tours
de nos cathédrales, va convier la nation entière
à cette fête solennelle.

« Vos magistrats, en se faisant l'écho des
sentiments qui nous animent ou qu'ils désirent
vous voir partager avec eux, n'obéissent pas
seulement au devoir imposé par une longue et
respectable tradition. Ils le savent : la justice

élève une nation, le péché est la honte des
peuples; l'ordre et la prospérité sont impossi-
bles sans la crainte de Dieu. Ils ont foi en Dieu
qui, jusqu'à ce jour, a protégé notre pays, et ils
vous invitent à lui témoigner votre reconnais-
sance pour ses bienfaits sans cesse renouvelés.

« Si quelques esprits égarés osent réclamer
le divorce entre la religion et la société, essaient
de chasser Dieu de la vie publique et de la
vie privée, des hôpitaux, du foyer domestique,
de l'école, des temples même, notre peuple
comprend que, sans l'appui du Dieu fort et
sans la foi solide, le progrès social est une
œuvre imparfaite.

« Il entend être un peuple chrétien, parce
qu'il est un peuple libre et veut le demeurer.
Il sait qu'à la vigueur religieuse d'une nation
on mesure sa vitalité et sa vraie valeur.

« Nous opposerons au flot montant de l'in-
crédulité et de la corruption la puissance qui
rend les peuples virils. Hommes de foi, nous
serons les ennemis du scepticisme qui énerve
et du matérialisme qui dégrade (1). »

(1) Proclamation du conseil d'État du canton de Vaud,
à l'occasion du jeûne fédéral, 1888.
A cette profession de foi publique, si contraire aux idées
de la Révolution française, nous pourrions ajouter la proclamation du président des États-Unis datée du 1er novembre dernier : « Le peuple américain doit rendre au
Dieu tout-puissant de constantes actions de grâces pour la
bonté et la miséricorde qu'il lui a manifestées depuis le
jour qu'il en a formé une nation et lui a donné un gouvernement libre. Avec une paternelle bonté, il nous a toujours
conduits dans les voies de la prospérité et de la grandeur.
Il n'a pas châtié nos fautes avec promptitude, mais avec

La Suisse entend rester une nation chrétienne, comme l'Autriche, l'Angleterre, l'Allemagne, la Russie, l'Espagne, comme l'Europe entière. Détruire la notion de l'État chrétien pour y substituer une conception de l'État purement rationnelle, telle est, au contraire, l'idée capitale de la Révolution française. Et l'on s'étonne que le monde chrétien refuse de venir célébrer, à Paris, le centenaire de 1789!

une douce tendresse, il nous a avertis que nous devions lui être soumis, ne pas abuser de sa patience, et nous a appris que l'obéissance à sa loi sainte est le gage de la continuation de ses dons précieux. »

IV

LA RÉVOLUTION FRANÇAISE ET LA LIBERTÉ

Le principe des libertés nationales était posé dans cette maxime fondamentale de l'État français : *Lex fit consensu populi et constitutione regis.* « Consentement de la nation et décret du prince », voilà l'antique formule du pouvoir législatif en France, depuis l'établissement de la monarchie. Champs de mai, et champs de mars, plaids, capitulaires, établissements, ordonnances, les formes et les conditions de ce double concours avaient pu varier avec le temps, mais le principe était resté le même. C'est pour l'avoir perdu de vue que la royauté était arrivée à l'absolutisme, croyant trouver une force dans ce qui n'était qu'une faiblesse. Faute immense et que n'ont pu couvrir ni le prestige d'un grand pouvoir ni l'éclat des services rendus ! Mais c'est précisément dans le but de la réparer que s'était opéré, d'un accord unanime, le mouvement réformateur de 1789. Revenir à la forme traditionnelle, aux principes constitutifs de l'État français, au concours nécessaire du roi et de la nation dans la confection des lois et dans la gestion des intérêts publics, c'est l'idée qui ressort de tout l'ensemble des cahiers : on y voyait, et à bon droit, le fondement et la garantie des libertés nationales.

Même vœu pour les trois ordres de libertés qui forment la suite et le complément des libertés nationales : libertés provinciales, libertés municipales, libertés individuelles. Pendant de longs siècles, l'histoire de France avait été la formation lente et progressive, le développement continu de ces libertés publiques, auxquelles se mesurent les vrais progrès de la civilisation, tant qu'elles ne dégénèrent pas en abus. Car on ne saurait appeler libre un pays où le pouvoir central absorberait tellement la province, le département et la commune, qu'il n'y aurait plus pour ces groupements historiques, pour ces organismes intermédiaires, ni vie ni mouvement propre. Voilà pourquoi, au lieu de se payer de fictions, la nation française, avec son sens droit et pratique, avait toujours attaché un si grand prix au maintien de ses franchises provinciales et municipales. Il faut bien le reconnaître, après avoir tant contribué au développement de ces libertés, les plus importantes de toutes, la royauté, à partir de Louis XI, s'était appliquée sinon à les détruire du moins à les restreindre considérablement. Faute analogue à celle qui, à partir de 1614, lui avait fait supprimer le consentement de la nation au décret du prince, contrairement à la maxime fondamentale de l'État français. Conseil du roi d'où part et où vient aboutir le mouvement qui se commu-

nique à tout; contrôleur général attirant à lui
l'administration publique presque tout entière; intendants et subdé'égués — aujourd'hui
préfets et sous-préfets — substituant peu à peu
leur autorité à celle des corps électifs; et pour
achever le tout, mise en offices, c'est-à-dire
en vente, des fonctions municipales, à partir
de 1692 : voilà tout un mécanisme gouverne-
mental et administratif où les libertés locales
avaient fini par être resserrées comme dans un
étau; de telle sorte que l'on a pu dire avec
raison que la centralisation excessive dont
nous souffrons en France, au grand détriment
des intérêts du pays, est pour une notable
partie le fruit de l'ancien régime (1).

Mais je répéterai, pour les libertés provinciales et municipales, l'observation que je
faisais tout à l'heure au sujet des libertés
nationales. C'est à les rétablir dans leur in-
tégrité que tendait le mouvement réformateur
de 1789. Il n'y a pas de vœu plus formellement
exprimé dans les cahiers : « Les États provinciaux seront seuls chargés de l'administration totale et partielle de la province, tous
les objets qui regardent la puissance exécutrice
exceptés; la libre élection de tous les officiers
municipaux sera entièrement remise aux villes
et communautés du royaume, ainsi que
l'entière disposition des revenus des communes, sans qu'il soit permis en aucun cas aux

____

(1) *L'Ancien régime et la Révolution*, par M. de Tocqueville,
chap. III et suiv.

commissaires départis ni à aucun ministre, de
se mêler directement ou indirectement de la-
dite administration. » Voilà l'idée générale
qui se dégage de l'ensemble des vœux for-
mulés par la nation française en 1789; et, à
bon droit, car l'absorption par le pouvoir
central des pouvoirs rayonnant sur la cir-
conférence est tout juste l'antithèse de la
liberté (1).

Or cette absorption est dans l'essence même
de la Révolution française. Non seulement
elle n'a pas réagi, comme on le demandait à
la veille de 1789, contre la centralisation
des pouvoirs, déjà excessive sous l'ancien
régime; mais elle l'a poussée à ses dernières
limites. Faire revivre la théorie païenne de
l'omnipotence de l'État incarné dans une
majorité numérique au mépris de toutes libertés provinciales ou municipales : voilà son
œuvre. Entre l'État et l'individu, elle ne conçoit ni corps autonomes, ni organismes intermédiaires, ni associations indépendantes : tout
cela l'offusque, la gêne, la contrarie dans ses
tendances absolutistes. Si, après avoir détruit
la province, elle crée le département et laisse
subsister la commune, c'est à la condition de
passer le niveau sur tous les droits historiques et de faire prédominer une seule et même
volonté d'une extrémité de la France à l'autre.
Cette volonté unique, prince ou assemblée,
intervient souverainement sous le nom d'État,

---

(1) *Résumé des cahiers*; États provinciaux. — Municipalités.

dans les affaires du département et de la commune, pour y régler et absorber toutes choses : administration, finances, éducation. Toute collectivité civile ou politique devient un mineur incapable de se mouvoir par lui-même et perpétuellement placé sous la tutelle de l'État, qui ne lui permet ni de dépenser un centime ni de déplacer une pierre d'un édifice public sans son autorisation ou contre sa volonté. On pourra qualifier un pareil système comme on le voudra, mais y associer le mot de liberté, c'est un abus de langage intolérable.

J'entends bien les doctrinaires de la Révolution française déclarer solennellement que « tous les hommes naissent et demeurent libres ». Mais c'est là une vaine déclamation qui ne tient pas devant l'idée révolutionnaire de la toute-puissance de l'État. On n'est pas libre, quand, de quelque côté que l'on se tourne, on vient se heurter à ce pouvoir omnipotent qui prétend ne rien laisser en dehors de sa sphère d'action. Un individu n'est pas libre, quand il n'a même pas la faculté de disposer de ses biens suivant sa conscience et au mieux de ses intérêts. Un père de famille n'est pas libre, quand c'est l'État qui lui impose le genre d'éducation qu'il devra donner à ses enfants, contrairement à ses convictions religieuses. Une commune n'est pas libre, quand son administration tout entière est subordonnée au bon plaisir d'un agent du pouvoir central, préfet ou autre, et que le chef de

la municipalité n'a pas même le droit de
nommer ou de révoquer un garde champêtre.
Une fabrique n'est pas libre, lorsque, pour
accepter une simple fondation de messe, elle
a besoin de l'autorisation du conseil d'État
qui peut l'accorder ou la refuser à son gré. Il
serait facile de parcourir ainsi, de haut en bas,
toute l'échelle sociale, telle qu'elle a été cons
truite par la Révolution française, pour montrer qu'il n'y a de vraie liberté à aucun de ses
degrés. 1789 a fait litière de toutes les libertés
locales, pour concentrer dans les mains de
l'État le pouvoir le plus absolu qu'il soit possible d'imaginer dans un pays civilisé.

On ne manquera pas de dire que dans l'esprit de la Révolution française ce pouvoir co-
lossal ne doit pas être exercé par un seul, mais
par une Assemblée issue du suffrage universel.
Peu importe, du moment que l'État, sous une
forme ou sous une autre, absorbe tout le reste.
Peu importe, pour la cause des libertés publiques, que ce soit par la volonté d'un seul
homme, empereur ou consul, ou par celle
d'une Assemblée, que les communes ne possèdent plus aucune espèce de droit sur leurs
écoles, et que, ministres ou préfets leur im-
posent d'office, comme aux départements, des
dépenses exorbitantes pour la création d'établissements dont elles ne voudraient à aucun
prix. Une centralisation despotique peut détruire la liberté d'une façon comme de l'autre;
et même elle l'étouffe avec d'autant plus de
facilité, que l'arbitraire part d'une Assemblée,

c'est-à-dire d'une majorité anonyme et imper-
sonnelle écrasant les minorités sous la supériorité du nombre, et dans laquelle nul ne se
tient pour responsable de ce qui est censé
l'œuvre de tous. En tout cas, deux choses
demeurent incontestables : la mainmise de
l'État sur tous les pouvoirs et corps électifs
est l'un des traits caractéristiques de la Révolution française, et cette mainmise universelle
est le contraire de la liberté, ou les mots n'ont
plus de sens. Voilà pourquoi Mme de Staël a pu
dire, avec infiniment de raison, qu'en France la
liberté est vieille et le despotisme nouveau.

Ne pouvant soutenir sérieusement et contre
toute évidence que la Révolution française a
été favorable au développement des libertés
provinciales, départementales et communales,
ses partisans se rabattent volontiers sur les
libertés individuelles, et en particulier sur la
liberté de conscience ou la liberté religieuse.
Or, il est à peine besoin de rappeler que la
royauté n'avait pas attendu la « Déclaration des
droits de l'homme » pour appliquer aux juifs
et aux protestants les maximes de la tolérance
la plus large et la moins partiale (1). C'est un
calviniste, Necker, que Louis XVI avait appelé
à la tête de ses conseils. Prétendre que les Fran-

(1) *Edit du mois de novembre 1787.* Malgré certaines repré-
sentations sur divers articles mal libellés de l'Édit « le
clergé ne s'élève pas contre l'état légal et civil accordé aux
protestants ». (*Clergé de Rouen*). « Il ne pense pas qu'on
doive refuser à des frères errants le rang qu'ils réclament
dans la société. » (Clergé d'Evreux, de Dijon, etc.) Voir
les cahiers de 1789 par Léon de Poncins, p. 146 et suiv.

çais ne jouissaient pas de la liberté de parler et d'écrire, quand, depuis un demi s ècle, philosophes et encyclopédistes inondaient le pays d'un déluge d'écrits licencieux et impies, sous les yeux des pouvoirs publics et souvent avec leur connivence, ce serait une plaisanterie à peine digne d'être relevée. Mais soit : nous admettons volontiers que la Révolution, dont c'est l'essence de chercher à détruire la notion de l'État chrétien, n'a cessé de donner libre carrière aux déistes, aux athées et aux matérialistes ; mais est-il un seul instant, où, maîtresse du pays et livrée à la pente naturelle de ses doctrines, elle ait su respecter la liberté des catholiques, c'est-à-dire de l'immense majorité de la nation ? Lorsqu'on parle de liberté religieuse, à propos de la Révolution française, il se présente immédiatement à l'esprit des noms et des souvenirs tels que toute discussion sur ce point devient superflue. Tout un clergé massacré, ou déporté, ou dispersé dans l'Europe entière, pour avoir refusé de prêter serment à une constitution hérétique et schismatique, produit naturel de ce despotisme d'État dont je parlais tout à l'heure, voilà comment la liberté religieuse est née du mouvement révolutionnaire de 1789.

Car il ne faut pas perdre de vue que si ces épouvantables forfaits ont été commis en 1793 et après, c'est dans l'Assemblée de 1789 qu'on avait élaboré la constitution civile du clergé, cette mainmise absolue de l'État sur les consciences, ce monument insigne du despotisme antireligieux. L'oppression des catholiques, par des actes de violence ou par la voie légale, a été, dès le premier moment, comme elle est restée depuis lors, l'une des marques distinctives de la Révolution française. Oublions, si on le veut, les prisons des Carmes, de l'Abbaye, de la Force, de la Conciergerie, les pontons de Rochefort, les déserts de Sinnamary, tous ces funèbres témoins du libéralisme révolutionnaire. Prenons-le aux époques où, condamné à une modération relative par l'esprit du temps, il consent à se renfermer dans la persécution légale : chaque fois qu'il remonte au pouvoir, après 1830 comme en 1789, après 1848, 1879, son premier mouvement, c'est de restreindre la liberté des catholiques. On le dirait rivé à ce genre de despotisme par la fatalité de son principe. Quelques Jésuites ou quelques Dominicains, se réunissant pour prier en commun, pour enseigner et pour prêcher, le mettent en émoi plus que ne sauraient le faire des menaces parties de l'étranger. On sent que la liberté religieuse est tout ce qu'il y a de plus antipathique à ses publicistes et à ses hommes d'État. Confisquer les biens ecclésiastiques, pour dépouiller le clergé du droit de propriété, sans lequel il n'y a pas de vraie liberté; empêcher le plus possible les manifestations extérieures du culte; entraver les rapports des évêques entre eux et avec le Saint-Siège; subordonner la publication de pièces dogmatiques à l'autorisation préalable d'un conseil

d'État composé d'incroyants en majeure partie,
sinon en totalité; remplacer les bénéfices sta-
bles et permanents par un salaire variable,
contesté et discuté périodiquement dans des
débats sans honneur et sans dignité : c'est
ainsi que la Révolution, même sous sa forme
la plus modérée, a toujours compris la liberté
des catholiques. Impossible de fausser davantage le sens des mots, pour tromper les masses.

Sans doute, la « Déclaration des droits de
l'homme » porte que nul ne sera inquiété
pour ses opinions religieuses. Mais il suffit
de regarder autour de soi, pour se convaincre
que c'est encore là une de ces formules men-
songères sous lesquelles s'abrite le despotisme
d'État. La vérité est que, à l'heure présente,
les convictions religieuses sont précisément
ce que la Révolution pardonne le moins. Est-il,
à la veille du centenaire de 1789, un préfet ou
un sous-préfet qui n'aurait rien à redouter
pour sa situation, s'il faisait ouvertement ses
pâques? Est-il un seul buraliste, un seul garde
champêtre qui oserait impunément mettre ses
enfants dans une école chrétienne, de préférence à l'école laïque? Est-ce que le simple fait
d'aller à la messe, les dimanches, ne constitue
pas un péril pour tous ceux qui touchent de
près ou de loin à une administration publique?
Laissons donc de côté ces maximes pompeuses
qui ne sauraient plus tromper personne. Il en
est des libertés individuelles, comme des libertés provinciales, départementales et municipales. Le mouvement révolutionnaire de 1789

en a été la négation pure et simple, au profit
d'une majorité qui absorbe en elle tous les
pouvoirs et s'impose aux consciences souverainement, sous le nom de volonté générale,
suivant la doctrine du *Contrat social* de Rousseau. Le despotisme d'État aux mains d'un
seul homme ou d'une Assemblée, voilà son
premier et son dernier mot.

———

V

LA RÉVOLUTION FRANÇAISE ET LES LÉGISTES

Un des problèmes historiques les plus curieux à étudier, c'est la facilité avec laquelle les idées de centralisation absolue et de despotisme d'État ont pu triompher en France, à la fin du siècle dernier; car, de libertés, au sens véritable du mot, il ne saurait plus en être question : la Révolution française en forme tout juste le contrepied. Cette nation, pourtant, avait si admirablement résisté aux attaques du protestantisme, malgré les faiblesses de la royauté et la défection d'une grande partie de la noblesse, grâce au mouvement catholique et national de la Ligue. La sophistique irréligieuse du dix-huitième siècle avait bien pu faire des ravages dans les hautes classes de la société, mais le peuple en masse était resté sincèrement attaché à sa foi. Il n'y avait pas de contrée où le christianisme eût jeté de plus profondes racines. Ce qui le prouve jusqu'à l'évidence, c'est que, quinze ou vingt ans plus tard, la religion catholique allait s'y retrouver aussi forte que jamais, au sortir d'un cataclysme sans pareil dans l'histoire. Comment donc se fait-il que la théorie païenne de la

toute-puissance de l'État, avec ses funestes
conséquences, ait trouvé en France un terrain
si favorable, tandis que d'autres pays, comme
l'Angleterre et l'Allemagne, bien autrement
envahis par l'esprit de nouveauté en matière
de doctrine, ont su conserver plus fidèlement
leurs franchises, leurs libertés et leurs coutumes traditionnelles. Il ne suffit pas de dire,
— et rien n'est plus vrai, — que le mouvement révolutionnaire de 1789 se rattache dans
ses causes aux révoltes du seizième siècle ; car
cela même ajoute à la singularité du problème,
la Réforme ayant échoué en France plus peut-
être que partout ailleurs. Nous ne croyons pas
qu'il soit facile de résoudre la question, si l'on
ne prête une attention sérieuse au rôle tout
particulier des légistes dans le développement
de la société française.

Que la révolution de 1789 ait été avant tout
une œuvre de légistes donnant la main à des
philosophes ou à des écrivains se croyant tels,
cela n'est pas contestable. Nous ne voulons pas
attacher à la composition des assemblées plus
d'importance qu'il ne faut. On ne saurait pourtant oublier que, dans la Constituante, le tiers-
état comprenait à lui seul 197 avocats, sans
compter une centaine de procureurs, juges
royaux, conseillers de présidial, etc. De là
cette manie de légiférer qui est restée jusqu'à
nos jours le trait caractéristique des assemblées
françaises. En y ajoutant la passion de la
rhétorique, devenue plus forte que jamais à la
fin du siècle dernier, il est facile de juger quel

péril allait surgir, pour les libertés publiques, de ces deux tendances réunies. On a calculé que la Constituante avait confectionné, en deux ans, 2557 lois; la Législative, en un an, 1712; et la Convention, en trois ans, 11,210. Jamais spectacle plus bizarre n'avait été donné au monde. On eût dit que la France ne faisait que de naître, et qu'il fallait la traiter comme une horde de sauvages arrivant à l'état social. Mais nous ne voulons pas revenir sur ce côté si étrange de la Révolution française. C'est aux maximes politiques dont tout ce monde de légistes était imbu, qu'il convient de s'arrêter un instant, pour mieux s'expliquer comment le mouvement révolutionnaire de 1789 a été le triomphe de l'absolutisme au profit de l'État.

A partir du règne de Philippe le Bel, l'influence des légistes, en France, va grandissant de jour en jour. Ils se font les instruments dévoués du roi dans sa lutte avec la Papauté, en même temps qu'ils se préparent à affaiblir, pour les détruire plus tard, tous les corps intermédiaires entre le roi et le peuple. C'est le moment où l'ancien droit romain envahit l'Occident, cherchant à refouler devant lui la coutume chrétienne. On sait ce qu'était ce droit, qu'il serait plus juste d'appeler le droit byzantin. L'empereur, en qui s'incarne le peuple souverain, dont il est le mandataire et le représentant, absorbe en lui tous les pouvoirs. Politique, justice, administration, finances, rien qui n'émane ou qui ne dépende de cette volonté unique. Aucune fonction ne peut

s'exercer que par voie de délégation de l'auto-
ité centrale, aux mains de laquelle sont con-
fiées toutes les choses divines et humaines.
Pas de droit national et historique qui puisse
tenir devant ce droit abstrait et rationnel, qui
ne s'applique pas à tel peuple plutôt qu'à tel
autre, parce qu'il est censé dériver de la raison
et de la nature mêmes. Si, à la différence de
Rome païenne, où le pouvoir spirituel et le
pouvoir temporel étaient confondus en un seul,
Byzance se voit contrainte de les distinguer
l'un de l'autre, c'est à la condition de subordonner l'Église à l'État, et l'exemple de Justi-
nien et de ses successeurs est le meilleur com-
mentaire de cet article fondamental du droit
césarien (1).

C'est ce droit césarien, cette concentration
de tous les pouvoirs aux mains de l'État qu'une
école de légistes, aussi brillante que nombreuse,
s'est efforcée constamment de faire prévaloir
en France, en opposition avec les libertés chrétiennes; et elle n'y a que trop réussi : soit que
l'esprit français se plaise davantage aux idées
rationnelles et abstraites, soit que les corps
intermédiaires, comme la noblesse, aient résisté
plus mollement qu'ailleurs. Faire du prince la
source unique du pouvoir judiciaire et législatif, la loi suprême et toujours vivante; trans-
former en droits régaliens toutes les fonctions
sociales, y compris l'enseignement de la gram-

(1) Voir sur ce point l'ouvrage si remarquable de M. Co-
quille, *les Légistes, leur influence politique et religieuse*, Paris,
1863.

maire; dépouiller les corporations et les corps
électifs de leurs franchises, de leurs droits
historiques, fondés sur la propriété et sur la
coutume pour faire dériver du bon plaisir de
l'État jusqu'à la faculté d'exercer une industrie : voilà l'œuvre de centralisation et d'absolutisme que les légistes ne cessent de pour-
suivre depuis Philippe de Beaumanoir et Pierre
des Fontaines jusqu'à Dumoulin, Pierre Pithou
et Denis Talon. L'engouement du quinzième
siècle pour l'antiquité grecque et latine n'avait
pu que favoriser ce développement du droit
césarien. C'est alors qu'on entend proclamer
de nouveau la maxime du droit byzantin :
Quidquid principi placuit, habet legis vigorem :
maxime que l'auteur du *Contrat social* repro-
duira très fidèlement, en disant que le peuple,
c'est-à-dire le prince sous une autre forme,
n'a pas besoin d'avoir raison pour valider ses
actes. A la longue, les légistes finiront par
persuader au prince qu'il est propriétaire de
tout le sol français; et Louis XIV, se faisant
l'écho d'une théorie si contraire aux traditions
de la royauté chrétienne, écrira dans ses instructions à son petit-fils cette phrase plus
qu'étrange : « Tous les biens de nos sujets sont
à nous. » Les trois cents avocats et procureurs
de 1789 n'auront qu'à reprendre cette thèse
du Bas-Empire, pour se croire en droit d'expro-
prier l'Église sous prétexte d'utilité publique.

L'Église, tel était, en effet, et tel est encore
de nos jours le grand obstacle au triomphe
complet du droit césarien. Cette autorité spiri-

tuelle, indépendante de tout pouvoir temporel
par sa nature et par son origine, quelle barrière à l'omnipotence de l'État! Aussi que
d'efforts de la part des légistes, depuis Philippe
le Bel, pour restreindre les libertés de l'Église,
comme ils cherchaient à réduire, au profit de
l'État, les libertés provinciales, les libertés
municipales, les libertés individuelles! « C'est
par eux, dit un écrivain moderne, trop pénétré
de leurs maximes, que la notion de l'État, re-
trouvée dans les écrits des jurisconsultes romains, a été conservée et transmise intacte entre
les mains de la société moderne... Leur doctrine est immuable dans tous les temps et
dans tous leurs livres(1). » Nous ne le contestons
pas; mais quelle doctrine! Celle qui devait
aboutir, d'une part, à l'absolutisme de l'État et,
de l'autre, à la constitution civile du clergé de
France. Si, plus animés de l'esprit chrétien
que les constituants de 1789, ils ne vont pas
jusqu'à confondre les deux pouvoirs, que de
tentatives pour subordonner l'Église à l'État!
Droits de régale, pragmatiques sanctions,
refus d'enregistrement des bulles pontificales,
résistance aux constitutions dogmatiques des
papes, mainmise sur l'enseignement de la
théologie, immixtion dans l'administration des
sacrements, il n'est pas de prétentions que les
avocats du roi et les parlements ne mettent en
avant pour étendre le pouvoir du prince jusqu'aux limites du schisme et de l'hérésie. Tant

(1) M. Emile Ollivier, *l'Église et l'État au concile du Vatican*, t. Ier, p. 272.

le césarisme, si savamment élaboré par les jurisconsultes romains, avait repris d'empire sur les esprits et faussé la notion des libertés chrétiennes!

Et maintenant, changez les termes; à la place du monarque, mettez le peuple ou, pour mieux dire, la majorité d'une Assemblée qui est censée le représenter; transportez à ce souverain multiple tous les droits régaliens que les légistes de l'ancien régime attribuaient au souverain unique, sans le contre-poids des franchises et libertés provinciales ou municipales, vous avez l'État tout-puissant, selon la formule des doctrinaires de la Révolution française : l'État source de tous les pouvoirs dans l'ordre civil, politique et social; l'État nommant à toutes les fonctions publiques, par lui-même ou par ses agents; l'État juge unique, administrateur unique, instituteur et professeur unique; l'État imposant aux départements et aux communes telles charges qu'il lui plaît; l'État maître de la fortune des particuliers, par la négation de la liberté testamentaire et par l'exagération des droits fiscaux; l'État substituant à son gré la juridiction administrative à la juridiction civile, moyennant les arrêtés de conflit, ce qui n'est pas autre chose, au fond, que l'ancienne *évocation* au conseil du roi; l'État créant à l'Église des servitudes sous le nom d'articles organiques; vous avez, en un mot, tout ce qui constitue la centralisation moderne, tout, excepté la liberté.

VI

LA RÉVOLUTION FRANÇAISE ET L'ÉGALITÉ

Je suppose un régime sous lequel un part¹ politique, arrivé au pouvoir, jouit exclusivement de tous les avantages de la situation, se réserve à lui seul toutes les places et tous les emplois, sans admettre à aucune fonction publique ceux qu'il traite d'adversaires, si tant est qu'il ne les mette pas hors la loi, en leur refusant ce qui est équitable et juste; un régime, où tout est vexation pour les uns et faveur pour les autres : où il suffit que les parents soient en défiance auprès du parti dominant, pour que leurs enfants voient se fermer devant eux les carrières de la magistrature, de l'administration et des finances; où il n'est même pas possible d'arriver à un poste de juge suppléant, eût-on tous les diplômes et tous les mérites, du moment que l'on a fait ses études dans telle maison d'éducation plutôt que dans telle autre; où la moitié des contribuables se trouvent exclus des bénéfices de la communauté, bien que les charges soient les mêmes pour tous : est-ce sérieusement qu'un pareil régime d'oppression pour ceux-ci, de privilège pour ceux-là, pourrait être appelé un régime d'égalité?

Ah! je le sais bien, c'est encore ici que reviendront quelques-unes de ces formules sonores à l'aide desquelles les doctrinaires de

1789 ont réussi à tromper les esprits naïfs et crédules : — Tous les hommes naissent et demeurent égaux en droits. Toutes les charges seront désormais accessibles à tous, et il n'y aura plus d'autre titre pour y arriver que le talent et le mérite. — Vaine déclamation ! Il suffit d'avoir étudié tant soit peu l'histoire depuis cent ans, pour savoir que chaque parti révolutionnaire, une fois maître du pouvoir, n'a rien eu de plus pressé que de réduire sinon de confisquer les droits du parti vaincu, et que, pour arriver à une charge de l'État, il faut avant tout se plier aux opinions des gouvernants du jour. Devant l'absolutisme de l'État, dont les progrès ne permettent plus guère de se faire illusion sur ce point, on répète volontiers qu'à défaut de la liberté, l'égalité, elle du moins, a dû son triomphe à la Révolution. Il serait facile de répondre qu'il n'est peut-être pas de peuple resté plus avide de distinctions que le peuple français. Mais laissons là cette observation purement psychologique pour examiner en elle-même la doctrine révolutionnaire de l'égalité. La vérité est que si la Révolution française a remplacé les libertés réelles par de pures fictions, elle a introduit, au lieu de l'égalité vraie, une égalité fausse et absolument chimérique.

« Tous les hommes naissent et demeurent libres et égaux en droits. » Il eût été plus exact de dire que tous les hommes naissent dépendants et inégaux. La première de ces dépendances et de ces inégalités a son fondement dans la divine constitution de la famille.

Quand l'enfant vient au monde, il entre dans une hiérarchie de pouvoirs et de fonctions; il trouve à côté de son berceau, dans les auteurs mêmes de ses jours, non pas des égaux, mais des supérieurs qui ont le droit de lui commander. Jamais, à aucun âge de sa vie, il ne deviendra l'égal de son père ni de sa mère; jamais ses droits n'équivaudront aux leurs. Entre eux et lui, il y aura toujours un lien de dépendance et de subordination qui, formé par la nature elle-même, est indissoluble. La formule révolutionnaire de l'égalité est donc tout d'abord inapplicable à l'ordre domestique, à moins que l'on ne veuille en venir à cette absurdité manifeste de fonder l'autorité paternelle sur le vote des enfants.

On ne veut pas en arriver là, je le reconnais sans peine; mais la manie de l'égalité, née de la Révolution française, n'a-t-elle pas porté à la famille et, par un contre-coup tout naturel, à la patrie elle-même la plus grave des atteintes? La division forcée en parts égales de la fortune immobilière, à la mort du père de famille, n'est-elle pas la cause immédiate de l'émiettement du sol, du morcellement indéfini de la propriété? N'est-elle pas une source d'instabilité pour le foyer domestique, de ruine pour l'agriculture, le commerce et l'industrie, dont chaque établissement menace de s'effondrer avec chaque succession qui s'ouvre? N'est-ce pas à cette folie égalitaire des rhéteurs et des sophistes de 1789 qu'il faut attribuer en grande partie la dépopulation de la France? Sans nul doute, l'immoralité, fruit naturel de l'irréligion, entre pour beaucoup dans ce lamentable résultat : ce qui le prouve sans réplique, c'est que les départements où la foi chrétienne et le respect des lois divines sont restés debout, comme le Finistère par exemple, ont échappé à ce fléau, le plus redoutable de tous. L'accroissement et la diminution de la natalité sont en raison directe du progrès ou de l'affaiblissement des convictions religieuses. C'est un fait que les statistiques mettent hors de tout conteste. Mais comment ne pas reconnaître, d'autre part, que l'égalité dans les portions d'héritage, et le partage forcé des biens, qui en est la suite, en ne laissant trop souvent aux familles nombreuses d'autre perspective que la misère, favorisent singulièrement des calculs égoïstes qui nous remplissent d'épouvante pour l'avenir du pays? C'est donc aux théories égalitaires de 1789, appliquées à l'ordre domestique, que nous sommes en droit d'attribuer un état de choses dont les terribles conséquences se feront sentir a une échéance plus ou moins courte, et qui, si l'on ne parvient pas à y porter remède par une réaction vigoureuse contre les idées révolutionnaires, fera descendre la France au rang de puissance de second ou de troisième ordre.

Si c'est la hiérarchie, et non pas l'égalité, qui forme la base de la société familiale, en est-il autrement dans l'ordre civil? Je ne conteste nullement le principe de l'égalité des

citoyens devant la loi; et j'admets volontiers
que c'était un des points principaux sur lesquels
devaient porter les réformes de 1789; mais de
là au nivellement absolu, il y avait une distance que l'esprit révolutionnaire était seul
capable de franchir. La véritable égalité civile
demande qu'une loi soit également applicable
à tous ceux qu'elle régit, sans distinction de
personnes; mais cela ne veut pas dire qu'il ne
puisse et qu'il ne doive y avoir des codes de
lois spéciales pour les militaires, pour les ecclésiastiques, et pour d'autres catégories de citoyens, en raison de leur caractère et de leurs
fonctions. La conscience publique l'a si bien
compris que, malgré toutes les formules égalitaires de 1789, l'article 479 du code d'instruction criminelle a conservé de vrais privilèges
de juridiction, et que l'article 10 de la loi du
26 avril 1810 sur l'organisation judiciaire at-
tribue à la première chambre civile des cours
d'appel une compétence *ratione dignitatis*, en
ce qui concerne les personnages qu'elle énu-
mère (1). C'est ainsi que, même dans la dernière constitution républicaine, il y a un privilège de juridiction *ratione personæ*, pour le

(1) « Lorsque de grands officiers de la Légion d'honneur,
des généraux commandant une division ou un département,
des archevêques, des évêques, des présidents de consistoire,
des membres de la cour de cassation, de la cour des comptes
et des cours impériales; et des préfets seront prévenus de
délits de police correctionnelle, les cours impériales con-
naîtront de la manière prescrite par l'article 479 du code
d'instruction criminelle. » (Loi du 20 avril 1810, *sur l'organisation de l'ordre judiciaire et l'administration de la justice*,
art. 10.)

président de la république et pour les ministres (1) Il fallait bien rendre cet hommage à
la hiérarchie et constituer des inégalités même
dans l'ordre civil, sous peine de détruire le
principe d'autorité. Supprimer les distinctions
sociales quand elles n'ont pas d'autre objet
qu'un avantage purement individuel, soit; mais
les privilèges, c'est-à-dire les lois particulières,
privatœ leges, fondées sur l'utilité commune, et
protégeant certaines catégories de personnes,
pour leur permettre de remplir utilement leurs
fonctions, on ne peut pas en faire table rase,
sans désorganiser l'ordre social. Le prêtre, le
militaire, le magistrat, ont droit à certaines
immunités essentielles ou inhérentes à leurs
charges, par cela seul que leur situation leur
impose des devoirs exceptionnels. Si vous
passez le même niveau indistinctement sur
toutes les têtes, vous détruisez, avec la hiérarchie, les conditions normales de toute société.

C'est, — il ne faut pas se lasser de le redire,
— l'un des péchés capitaux de la Révolution
française, d'avoir voulu légiférer pour un être
abstrait, séparé de tout milieu et de toute qua-
lité qui pourraient en faire autre chose qu'un
homme purement et simplement. Et parce que
cet être de raison n'a jamais existé et ne saurait
exister nulle part, tout ce qu'elle a formulé à
cet égard est faux et chimérique. De même que,
sans tenir aucun compte de l'histoire, elle a

(1) « Le Sénat peut être constitué en cours de justice
pour juger, soit le président de la république, soit les ministres. » (Art. 9 de la loi constitutionnelle du 24 février 1875.)

taillé dans le sol quatre-vingt-un départements, comme l'on découperait d'une même étoffe quatre-vingt-une pièces, ainsi a-t-elle voulu réduire la nation française à vingt-six millions d'atomes égaux en poids et en volume. Est-ce que, sous l'empire de cette folie égalitaire, le décret du 19 juin 1790, renouvelé en 1848, n'allait pas jusqu'à supprimer les titres et les dénominations nobiliaires! On peut assurément, si on le veut, enlever aux plus anciennes familles d'un pays, entre autres privilèges, celui de se faire tuer devant l'ennemi, pour permettre aux laboureurs de cultiver tranquil- . lement leurs champs, et aux artisans de n'être pas arrachés à leurs métiers par les dangers de la guerre; mais ce qu'il est impossible d'effacer d'un trait de plume, ce sont les titres d'honneur acquis par des siècles de fidélité, de dévouement et de bravoure; car on n'efface pas l'histoire et l'on ne détruit pas ce qui est dans la nature des choses. Quoi que l'on fasse, jamais le nom d'un inconnu ne dira au cœur d'un peuple ce que lui rappelle le nom d'un Montmorency ou d'un Ney. Voilà pourquoi, toujours et partout, n'en déplaise aux prôneurs d'égalité, il y aura dans le monde, sous une forme ou sous une autre, des noblesses et des aristocraties, parce que de tout temps et en tout lieu l'on a vu et l'on verra des trésors de mé- rites s'accumuler sur un point, des héritages de services se transmettre d'une génération à l'autre, des habitudes d'héroïsme se perpétuer avec le sang, tout cet ensemble de choses qui,

à la longue, forment au front d'une famille une
auréole de distinction dont l'éclat rejaillit sur
tous, une couronne de gloire qui cesse d'être la
récompense d'un seul, pour devenir le titre
commun et la patrimoine d'une nation.

La Révolution française, même sous sa forme
la plus modérée, et alors qu'elle ne versait
pas encore dans le sang et dans la boue, a
constamment méconnu ces grandes lois de la
nature et de l'histoire, sous l'inspiration des
idées de Rousseau et des autres sophistes du
dix-huitième siècle. C'est ainsi que nous
l'avons vue aboutir de nos jours à l'égalité
politique, en attendant que le socialisme la
pousse dans l'égalité des conditions et des
propriétés. L'égalité politique! Quelle chimère
et quel danger pour un pays! On peut admettre
que, de près ou de loin, dans la mesure de
leurs intérêts et suivant leurs degrés de capa-
cité, tous les citoyens influent par un mode
de suffrage sagement organisé sur la direction des affaires publiques. C'est dans ces conditions que six millions de Français avaient
pris part aux élections des États généraux,
pour s'y faire représenter, non pas dans des
proportions purement numériques, mais suivant les intérêts de chaque corporation. Sans
doute, alors déjà, on avait vu, en maint en-
droit, l'homme du peuple endoctriné par le
petit procureur de campagne, porter son choix
sur l'avocat envieux et grand discoureur, de
préférence à ses pairs : de là le petit nombre
de laboureurs et de négociants députés au

Tiers-État, relativement à la foule des hommes
de loi. Mais ce sont là des méprises inévitables
dans n'importe quel système. Ce qui est inad-
missible, au regard du bon sens, c'est que,
sous prétexte d'égalité, le nombre seul opérant
par sa vertu arithmétique et en dehors de
toute autre considération, devienne la loi suprême d'un pays; que ni le talent, ni la fortune, ni la moralité, n'entrent pour rien dans
un calcul qui se réduit à une simple addition
de voix; qu'il soit indifférent, au point de vue
du droit, de représenter les intérêts de toute
une famille, d'une corporation entière, ou de
n'avoir souci que de sa personne; et qu'en un
jour d'élection où se posent, dans le choix d'un
représentant, que dis-je? d'une forme de gouvernement, les questions les plus difficiles de
droit constitutionnel, de relations avec l'étranger, des questions de vie ou de mort pour un
peuple, le suffrage d'un individu sachant à
peine lire et écrire, ou recueilli dans un dépôt
de mendicité, pèse d'un même poids dans la
balance des destinées nationales que celui d'un
homme d'État rompu aux affaires par une
longue expérience. Il n'est pas de sophisme
qui puisse colorer d'un prétexte spécieux une
pareille absurdité. Un pays qui sacrifie son
existence à une utopie aussi dangereuse, court
au-devant de toutes les aventures : il est à la
merci d'une force aveugle qui, obéissant tour
à tour aux impulsions les plus contradictoires,
l'entraîne tantôt d'un côté, tantôt de l'autre, et
finit par le pousser aux abîmes.

En faisant de l'égalité à outrance, la Révolution française a sinon tué, du moins considérablement affaibli cette grande chose qui
s'appelle le respect, et sans laquelle ni la
famille ni l'État ne peuvent prospérer, étant
donné que tout ordre social implique une
idée de hiérarchie, et se compose nécessairement d'éléments subordonnés les uns aux
autres et coordonnés entre eux. Le respect
naît du sentiment des supériorités sociales;
or, c'est à les battre en brèche que tend sans
relâche l'esprit révolutionnaire. Aussi que
voyons-nous dans la société issue des idées
ultra-égalitaires de 1789? On en est arrivé à ne
plus pouvoir souffrir personne au-dessus de
soi; l'envie s'attaque à tout ce qui dépasse le
niveau des conditions ordinaires. Patron, propriétaire, héritier d'un grand nom, tous ces
mots, par cela seul qu'ils insinuent quelque
supériorité sociale, excitent dans les masses
tourmentées par la passion de l'égalité, de
sourdes colères qui font explosion au moindre
sujet de mécontentement. C'est à la force qu'on
obéit, plutôt qu'au droit; et, pour peu que le
pouvoir néglige d'employer la force en un jour
de défaillance ou de surprise, la révolte éclate
à l'instant même. Voilà l'origine de nos vingt
révolutions depuis cent ans. On ne se place
pas impunément en dehors de la nature et de
l'histoire : ce défi à l'expérience et à la raison
peut devenir mortel. La liberté, sans l'autorité,
c'est l'anarchie; et l'égalité sans la hiérarchie,
c'est le chaos.

VII

LA RÉVOLUTION FRANÇAISE ET LA FRATERNITÉ

Il est un mot que le christianisme avait rendu populaire dans tout le monde civilisé. Ce mot signifiait l'amour de Dieu pour les hommes et l'amour des hommes entre eux. Il était synonyme de tous les dévouements, de tous les sacrifices, de tous les héroïsmes qu'avait inspirés la foi chrétienne depuis dix-huit siècles. Rien de plus universellement admis et respecté que ce mot de charité, par où l'on désignait ce qu'il y a de plus parfait dans l'âme humaine touchée de la grâce divine. Mais aux yeux de la Révolution française, cet admirable mot avait le tort grave d'être emprunté à la langue chrétienne. Il fallait séculariser l'idée qu'il exprime, pour la rendre par un mot profane ou réputé tel. A la vérité, le mot fraternité, lui aussi, était d'origine chrétienne, le christianisme seul ayant enseigné au monde que tous les hommes sont frères, parce qu'ils ont pour père un seul et même Dieu. Aussi n'est-ce pas dans le choix de cette formule que nous chercherions matière à critique, si au lieu de rapprocher entre eux les enfants d'une même patrie, la Révolution n'était venue les désunir en prolongeant jusqu'à nos jours la haine des partis.

La Révolution française et la fraternité :

Quelle alliance de mots contradictoires! A peine le mouvement révolutionnaire de 1789 a-t-il éclaté, que les haines les plus féroces se donnent libre carrière dans tout le pays. Ce peuple de frères semble n'avoir voulu écrire sur les murs de ses édifices la formule imaginée par la franc-maçonnerie, que pour se donner le plaisir de s'entr'égorger. Girondins, montagnards, hébertistes, thermidoriens, chaque parti marque son avènement au pouvoir par le meurtre de ses adversaires vaincus. Et ce n'est pas seulement au sein d'une capitale tumultueuse et désordonnée que s'inaugure ce règne de la fraternité : au signal des nouveaux apôtres, dans chaque ville, dans chaque bourg, des hommes nés côte à côte, et la veille encore unis, s'acharnent les uns contre les autres, se dénoncent réciproquement et s'entre-tuent. Encore si cette frénésie du crime n'avait cherché à s'assouvir que du sang des classes privilégiées, suivant le langage de l'époque; mais non, ouvriers, laboureurs, hommes du peuple, les professions les plus modestes fournissent leurs contingents de victimes à des proscriptions qui n'épargnent ni âge, ni sexe, ni condition. Sous le nom de fraternité, une sanglante ironie est devenue le mot d'ordre des plus épouvantables forfaits.

Je n'en suis nullement surpris. Tel devait être le résultat inévitable d'une révolution qui, en voulant détruire toute idée religieuse, allait déchaîner les instincts les plus bas et les plus égoïstes de la nature humaine. Car la

Religion, comme son nom l'indique, n'est pas
seulement le lien qui unit les hommes à Dieu;
elle est encore le lien le plus étroit et le plus
fort qui puisse unir les hommes entre eux,
parce qu'elle les rapproche les uns des autres
et les rallie autour d'une même foi, d'une espé-
rance commune, des exemples et des leçons
d'une charité qui a sa source et son modèle
au-dessus de l'humaine faiblesse. Brisez ce lien,
il ne reste plus en présence que des intérêts con-
traires, des convoitises et des passions avides
de se satisfaire à tout prix, et qui, n'ayant
plus d'horizon au-delà de ce monde, détrui-
sent impitoyablement tous les obstacles qu'elles
trouvent sur leur chemin. Sans l'idée de sacrifice qui fait le fond de la Religion, la patrie
elle-même, qui devrait être un lien d'association, devient, pour chaque parti, l'exploitation
de tous au profit de quelques-uns. Faut-il
s'étonner que, tout sentiment religieux une
fois écarté, le peuple le plus doux et le plus
policé du monde puisse devenir, à un moment
donné, le plus cruel de tous? *Homo homini
lupus*, avait dit le paganisme après une longue
expérience faite sur le vif. Comment ne pas
se rappeler le mot de Plaute, devant cette
période de dix ans durant laquelle, au siècle
dernier, une bande de bêtes féroces, à figure
humaine, vulgarisait en France le règne de la
fraternité révolutionnaire?

J'entends bien ce que l'on nous dit pour
affaiblir l'impression de ces crimes : c'était
l'explosion soudaine de colères longtemps com-

primées... Mais nous voici à cent ans de là, et je ne vois pas que les haines de partis, œuvre de la Révolution française, se soient aucunement apaisées. C'est toujours le même esprit de fraternité se manifestant par des divisions profondes et peut-être irrémédiables. Et d'abord, sans parler des journées de juin 1848, les massacres de la Commune en 1871 ne sont pas au-dessous des horreurs de 1793. A l'heure présente, je le dis avec autant d'assurance que de douleur, si la force publique, mieux organisée qu'à la fin du siècle dernier, venait à défaillir, nous assisterions à la répétition des mêmes scènes. Il n'y aurait de différence que dans le perfectionnement des moyens de destruction. Mais, en supposant même que l'adoucissement des mœurs éloigne ces tristes perspectives, un fait est indéniable, c'est que la France demeure aujourd'hui, telle que la Révolution l'a faite, déchirée par la haine des partis, divisée en fractions irréductibles. Voilà l'ennemi! c'est le cri qu'on entend de toutes parts, et qui s'adresse tour à tour, suivant les opinions de chacun, aux catholiques, aux légitimistes, aux bonapartistes, aux républicains. Pour ne citer qu'un exemple, est-ce calomnier nos modernes Jacobins, de dire que leur hostilité à l'égard des pires ennemis de la France n'est pas comparable à celle qu'ils témoignent à un Français, du moment que ce Français porte une soutane de prêtre ou une robe de religieux? Écoutez donc les cris de joie sauvage que poussent en chœur tous les organes de la presse radicale,

chaque fois que l'on expulse d'une école ou
d'un hospice quelques pauvres sœurs de Charité coupables du crime de n'être pas laïques.
La Révolution a développé chez ce peuple si
généreux par nature et si chevaleresque des
instincts de brutalité qui sont devenus l'étonnement du monde entier.

Car, là-dessus, il n'y a pas de contestation
possible : ces déchirements et ces haines sont
l'œuvre de la Révolution française. Elle a partagé la nation en autant de camps ennemis
qu'il y a de compétitions au pouvoir. Depuis
les troubles de la Fronde, lutte d'épigrammes
et à coups d'épingle, jusqu'à la veille de 1789,
pendant un siècle et demi, aucun pays au
monde n'était mieux uni, ni ne jouissait d'un
calme plus profond. Certes, on ne se faisait
pas faute d'agiter des controverses; on luttait,
avec une extrême vivacité, d'influence et d'opinion : ces mouvements d'idées et d'intérêts sont
la vie des peuples. Mais des partis se poursui-
vant de haines mortelles jusqu'à se mettre hors
la loi et s'envoyer à l'échafaud réciproquement;
mais la guerre civile des esprits en permanence
et aboutissant, tous les quinze ou dix-huit
ans, à des luttes fratricides; mais tout un
siècle de discordes s'aggravant de jour en jour,
sans qu'il soit donné à personne d'en prévoir
le terme : il n'y avait que la Révolution française pour créer un pareil état de choses et
pour ajouter le mensonge au crime, en dissi-
mulant cette œuvre de division et de haine
sous le nom de fraternité.

VIII

LA RÉVOLUTION FRANÇAISE ET LA PROPRIÉTÉ

Une des erreurs les plus grossières que l'on se soit efforcé d'accréditer dans le public, consiste à prétendre que la Révolution française a donné ou rendu la terre aux paysans, tandis qu'avant 1789 la propriété du sol aurait été le privilège à peu près exclusif de la noblesse et du clergé. Je ne crois pas que jamais mensonge plus audacieux ait été jeté en pâture à la crédulité des simples. Là-dessus, il n'y a même plus matière à contestation, si l'on excepte ceux qui ont tout intérêt à travestir l'histoire. La vérité est que, longtemps avant 1789, les paysans étaient devenus propriétaires fonciers, et cela dans une mesure qui n'a pas été dépassée depuis lors, si tant est qu'elle soit restée la même. Car tandis qu'aujourd'hui les petits cultivateurs ne possèdent que le neuvième ou le huitième des terres cultivées, avant la Révolution, la moitié du sol de la France leur appartenait en propre. Un pareil état de choses, si différent de ce qui existait ailleurs frappait d'étonnement les étrangers qui visitaient notre pays (1). La grande pro-

(1) Voir les réflexions du voyageur anglais Arthur Young, dans *l'Ancien régime et la Révolution*, par M. de Tocqueville, p. 37.

priété, objet de tant de déclamations dans l'école révolutionnaire, absorbait si peu tout le reste que, au témoignage de Necker, « il y avait en France une immensité de petites propriétés rurales ». Déjà même, le sol se divisait outre mesure, et le mouvement progressif inquiétait les économistes eux-mêmes. « La division des héritages, écrivait Turgot, est telle que celui qui suffisait pour une seule famille se partage entre cinq ou six enfants. Ces enfants et leurs familles ne peuvent plus dès lors subsister uniquement de la terre. » C'est donc une erreur absolue de prétendre que le paysan est devenu propriétaire par le fait de la Révolution, et que la division de la propriété foncière date de 1789. Ce sont là des naïvetés qu'il faut abandonner aux orateurs de clubs, mais qui ne devraient plus se placer sous la plume d'aucun écrivain sérieux.

Ce qui appartient en propre à la Révolution française, c'est d'avoir porté cette division de la propriété foncière jusqu'à l'émiettement du sol par l'égalité des partages, en y ajoutant par surcroît une aggravation de charges doubles ou triples de celles qui auparavant pesaient sur la terre. Voilà son œuvre, et cette œuvre est tellement néfaste que, à l'heure présente, nul ne peut dire ce qu'il adviendra de la propriété en France. Elle est accablée sous le poids des exigences fiscales qui achèvent de la ruiner. On se plaît à mettre cet état de choses si lamentable sur le compte des événements militaires qui se sont déroulés depuis cent ans : ils y ont assurément leur grande part, et nous dirons plus loin qui en porte la responsabilité. Mais non, il faut aller plus avant dans l'analyse de l'état social créé par le mouvement révolutionnaire . 1789. La ruine de la propriété est dans l'exagération de l'idée de l'État, tel que le conçoit la Révolution française. Du moment que l'État se substituant à l'initiative particulière, l'entravant de mille manières et l'étouffant même, se mêle de tout faire, crée tout, organise tout, gouverne tout, écoles, justice, administration, finances, il lui faut absolument, pour suffire à tant de charges, pressurer la fortune individuelle et en tirer tout ce qu'il peut, sous forme d'impôts et de contributions de toute sorte, droits d'enregistrement, droits de mutation et de succession, droits sur n'importe quelle transaction de la vie privée; et comme en définitive tout part de la propriété foncière et que tout y revient parce qu'elle est le gage de la richesse publique, c'est elle qui porte le poids de tout le système. D'où il résulte qu'au bout d'un certain nombre d'années, à force de taxations et de prélèvements excessifs, la valeur de toute une propriété a passé aux mains de l'État devenu le véritable héritier et l'unique bénéficiaire. Si c'est là ce qu'on appelle l'affranchissement de la propriété par la Révolution française, nous nous demandons si les mots ont encore une signification dans notre langue.

Sans doute, la Révolution a mis en vente toutes les terres du clergé et une grande partie de celles de la noblesse; et il ne manquera pas de discours, cette année, pour célébrer ce qu'on appelle un service rendu à la démocratie. Mais est-ce le peuple, sont-ce les petits cultivateurs qui ont bénéficié de cette confiscation restée l'un des plus grands scandales de l'histoire? Non, mille fois non. Il suffit, pour s'en convaincre, de consulter les procès-verbaux mêmes de ces ventes encore plus ridicules qu'odieuses. La masse des biens du clergé et de la noblesse a été acquise contre un papier de nulle valeur, par des bourgeois voltairiens qui se moquaient du peuple non moins que de la religion et de l'aristocratie; par des agioteurs qui profitaient de la dépréciation du papier-monnaie tombé à 1 pour 100 de sa valeur nominale, pour se constituer à vil prix de magnifiques domaines. Quant aux classes populaires, elles n'ont absolument rien gagné à ce vol que l'on ne saurait qualifier trop durement. Elles n'ont fait qu'y perdre; car la plupart des services publics, l'enseignement, le culte, l'entretien des hôpitaux, le soin des pauvres et des malades, et jusqu'au service militaire lui-même, du moins en partie, étaient attachés aux domaines possédés de temps immémorial par le clergé et par la noblesse; ils constituaient autant de charges qui pesaient presque exclusivement sur ces propriétés, de telle sorte que le reste de la nation était exonéré, par là même, d'une dépense extrêmement lourde et qui ne le regardait en rien. Qu'est-il résulté au contraire de la transmission de ces biens aux mains des

agioteurs et de la bourgeoisie voltairienne du
siècle dernier, moyennant un prix de vente
dérisoire? Il en est résulté un fait bien simple,
mais qui n'en est pas moins cruel : c'est que
tous les services publics sont tombés à la
charge du peuple, qui, pour y faire face se
voit écrasé d'impôts sous toutes les formes.
Que les spéculateurs enrichis des dépouilles du
clergé et de la noblesse, grâce au déboursé de
quelques assignats, s'applaudissent de ce coup
de fortune inespéré, cela se conçoit sans peine;
mais on chercherait vainement en quoi la démocratie française a pu profiter d'une atteinte
aussi profonde au droit de propriété.

Car c'est bien un coup terrible que le droit
de propriété a reçu en 1789, et s'il y a survécu
jusqu'ici, s'il est parvenu à s'en relever, c'est
uniquement parce que, en dépit des sophistes,
la loi divine et l'enseignement de l'Église n'ont
pas perdu tout leur empire sur les âmes. La
propriété individuelle n'est ni plus légitime ni
plus digne de respect que la propriété collec-
tive; car si l'une s'appuie sur le droit de la
personnalité humaine, l'autre est fondée sur le
droit non moins naturel ni moins sacré de
l'association. Dans son ouvrage : *le Capital*,
M. Karl Marx, l'un des chefs du socialisme
contemporain, n'a pas manqué de mettre à
profit contre le droit de propriété, l'argument
formidable que lui fournissait la confiscation
des biens de l'Église par la Révolution française. Comment, en effet, ce qui est possédé
par plusieurs et depuis de longs siècles pour-

rait-il être moins inviolable que ce qui est
possédé par un seul et d'hier seulement? Les
communistes de nos jours parlent de nationa-
liser le sol en transférant à l'État les droits des
particuliers; mais est-ce que les constituants
de 1789 et leurs successeurs ont fait autre
chose quand ils déclaraient biens nationaux les
propriétés du clergé et d'une grande partie de
la noblesse? La formule est exactement la
même de part et d'autre, et le procédé a été
indiqué d'avance pour les spoliations de
l'avenir.

Il y a là; qu'on le veuille ou non, un précédent qui, faute de réparation éclatante, con-
tinue de peser sur les destinées du pays
comme une menace perpétuelle. Aussi regar-
dons-nous comme une grande faute, de la part
du gouvernement et des Chambres de la Restauration, de n'avoir pas relevé le principe de
la propriété par une mesure qui eût donné
pleine satisfaction à la conscience publque.
Au lieu d'accorder un milliard d'indemnité
aux émigrés, il eût fallu répartir cette somme
entre les acquéreurs de biens nationaux, qui
avaient pu être plus ou moins de bonne foi en
s'autorisant des actes de l'État, et restituer les
domaines confisqués à leurs légitimes propriétaires. Et de même pour le clergé. Alors seulement le droit de propriété eût été sauvé de
l'atteinte peut-être mortelle qu'il a subie en
1789. Mais laissons là des événements sur lesquels il n'y a plus à revenir. Un fait reste
certain, c'est que le socialisme est en germe

dans la Révolution française; et si, comme tout porte à le craindre, ses théories produisent leurs fruits au siècle prochain ou plus tard, la faute en aura été tout d'abord à l'Assemblée constituante de 1789.

IX

LA RÉVOLUTION FRANÇAISE ET LE TRAVAIL

L'idée fondamentale de la Révolution française en matière économique est contenue dans cette maxime de Turgot, tant applaudie à la fin du siècle dernier : « La source du mal est dans la faculté même accordée aux artisans d'un même métier de s'assembler et de se réunir en corps » (1). On croit rêver en lisant aujourd'hui de pareilles inepties tombées de la plume d'un homme d'esprit. Ce que Turgot, fidèle interprète des opinions de son temps, appelait la source du mal n'est autre chose qu'un principe rigoureux de droit naturel. Car il est dans la nature des choses que les artisans d'un même métier et les ouvriers d'une même profession aient la faculté de s'assembler pour débattre et sauvegarder leurs intérêts; ou bien il faut renoncer à toutes les notions de la solidarité et de la sociabilité humaines.

C'est ce qu'on avait parfaitement compris jusqu'à la veille de 1789. Après avoir proclamé les principes qui devaient amener graduellement l'esclavage au colonat et au servage, puis enfin à l'affranchissement complet du

(1) Édit du 12 mars 1776.

travailleur, l'Eglise avait fini par faire triompher dans la classe ouvrière, comme ailleurs,
la loi si éminemment féconde de l'association.
Sous l'influence des idées de rapprochement
et de charité fraternelle qu'elle répandait dans
le monde, il s'était opéré, pour chaque métier,
pour chaque profession, un groupement des
forces et des volontés individuelles autour d'un
seul et même centre d'action. L'on avait senti
que pour être fort, il fallait s'unir, et que, dans
cette union morale des travailleurs d'un même
ordre, il y avait une garantie et une protection
pour tous : *Vincit Concordia fratrum*, selon
l'antique devise des arts et métiers de Paris.
Sans absorber l'individu dans le corps social
et tout en lui laissant la liberté de se mouvoir
et d'agir à son gré, le travail devenait plus
ou moins une chose commune à laquelle
chacun apportait son énergie propre, en même
temps qu'il y trouvait sa fortune et son honneur. Des hommes aussi étroitement unis par
les liens professionnels ne pouvaient qu'être
solidaires les uns des autres, soit que leur
intérêt fût en jeu ou leur réputation. Dans un
tel état de choses, il y avait place pour les
faibles à côté des forts; et la richesse ou l'intelligence, au lieu d'être une cause de ruine
pour personne, tournait au profit de tout le
monde. Bref, le même métier était dans une
même ville, pour ceux qui l'exerçaient, un
signe de ralliement et le principe d'une association où tous se rencontraient, se respectaient
et s'aimaient. Tel a été, six siècles durant,

l'aspect de cette grande et belle institution qui
s'est appelée, dans l'histoire de l'économie
politique et sociale, la corporation ouvrière.

Que des abus s'y soient glissés à la longue,
qu'il y ait eu nécessité d'introduire plus d'air,
plus de jour, plus de mouvement, dans ces
institutions devenues trop étroites, et faire
une plus large part à la liberté du travail,
personne ne le conteste. Là encore, il s'agissait
d'opérer l'une de ces réformes justifiées par
la marche du temps et par les progrès de l'industrie. Car nous ne cesserons de distinguer
sur tous les points, — c'est l'idée mère de
cet opuscule, — le mouvement réformateur et
le mouvement révolutionnaire de 1789. Améliorer, à la bonne heure; mais détruire sans
rien mettre à la place, c'est de la folie. On ne
déracine pas un arbre encore vigoureux uniquement pour le débarrasser d'une branche
morte. On ne renverse pas une maison à cause
de quelques mauvaises herbes qui croissent le
long de ses murs. On ne démolit pas une
cathédrale parce qu'avec le temps il s'est
amassé sous ses voûtes de la poussière et des
toiles d'araignées. C'est le bon sens qui dit
cela, et le bon sens est le maître de la vie
humaine pour les peuples comme pour les
individus. Mais les hommes de 1789, — car
c'est d'eux qu'il s'agit et non pas des éner-
gumènes de 1793, — ne comprenaient pas ce
langage; détruire, détruire encore, détruire
toujours, c'était leur devise. Sur ce point,
comme sur toutes choses, ils n'avaient qu'une

idée, qu'une passion, ne rien laisser debout de
ce qui existait jusqu'alors. Cette organisation
du travail, qui était l'œuvre du temps, de
l'expérience et de la raison; qui avait valu au
pays de longs siècles de paix et de prospérité;
qui avait réussi à maintenir la concorde entre
les travailleurs d'un même ordre; qui avait
tant contribué au bon renom et à la gloire
de l'industrie française; cette organisation,
qu'il eût fallu rajeunir, améliorer, mettre en
rapport avec les besoins et les intérêts de
l'époque, les disciples de Turgot et de Rousseau la brisèrent en un jour d'aveugle fureur,
au risque de léguer à l'âge suivant, sans
aucun élément de solution, le plus redoutable
des problèmes.

A vrai dire, — et c'est la condamnation la
plus formelle des doctrines économiques de
la Révolution française, — ils ne pouvaient
agir autrement sans renoncer à tout ce qui fait
le fond du système. Appliquant avec une ri-
gueur de logique que je suis loin de méconnaître, les idées du *Contrat social* de Rousseau,
la Révolution française ne conçoit que deux
facteurs dans l'ordre économique comme dans
tout le reste : l'individu et l'État. Pas de corps
intermédiaires entre l'un et l'autre, pas de
groupes particuliers possédant leur autonomie,
pas d'organismes sociaux vivant de leur vie
propre, pas d'associations autres que celles qui
émanent de la volonté générale envisagée
comme la source de tout droit et de tout pouvoir, en d'autres termes, une masse d'indi-

vid s ayant des droits absolument égaux, en
dehors de toute hiérarchie naturelle ou sociale,
et l'État leur imposant à tous sa volonté :
voilà toute la théorie imaginée et formulée
en 1789 et en 1791.

Les conséquences allaient en découler
d'elles-mêmes; et nous les avons sous les
yeux. Oubliant que le principe de la liberté du
travail, appliqué d'une façon absolue, sans le
complément et le correctif de l'association,
dans laquelle Turgot plaçait « toute la source
du mal », ne saurait avoir d'autre résultat que
de mettre les pauvres et les faibles à la discré-
tion des riches et des forts, les théoriciens
de 1789 s'étaient absolument mépris sur les
conditions du problème social. Sous une appa-
rence de liberté, c'est l'isolement qu'on apportait à l'ouvrier, et, avec l'isolement, la faiblesse.
L'individu seul restait en face de lui-même,
n'ayant plus aucune des ressources matérielles
ou morales qu'il tirait auparavant d'un corps
dont il était le membre. Dès lors, plus une
ombre de hiérarchie; plus de paternité sociale;
plus de charge d'âmes; plus de fraternité
professionnelle; plus de règles communes; plus
de solidarité d'intérêt, d'honneur et de réputation; plus de rapprochement entre les maîtres,
les ouvriers et les apprentis; plus de garanties
pour les faibles contre les forts; plus de protection des grands à l'égard des petits. Une
concurrence effrénée, une lutte pour la vie où
chacun, réduit à ses seules forces, cherche à
l'emporter sur les autres, au risque d'entraîner

leur ruine ; une mêlée où l'on se coudoie, où
l'on s'écrase, où l'on se foule aux pieds, c'est-
à-dire, en résumé, l'oppression en haut, la
servitude en bas, l'antagonisme partout et
l'union nulle part : telle est la situation que
la Révolution française est venue créer à la
classe ouvrière.

Sans doute, on a cherché depuis lors à
réagir contre un pareil état de choses ; et cette
réaction a été couronnée de succès sur plus
d'un point. Mais la question est de savoir si,
pour obtenir ces résultats encore très incom-
plets, il n'a pas fallu rompre en visière avec
la Révolution française. Oui, malgré les ana-
thèmes de Turgot et des autres économistes
de 1789 contre le régime corporatif, nous
avons vu se former successivement des sociétés
de secours mutuels, des caisses de pension de
retraite, des banques populaires, des associations coopératives, et même des syndicats professionnels, forçant, pour ainsi dire, la tolérance des pouvoirs publics en attendant la
sanction légale. Puis, enfin, nous avons vu un
parlement obligé, sous la pression de l'opinion
publique, d'abroger la loi du 27 juin 1791 et
de rétablir le principe de l'association dans la
loi du 21 mars 1884.

Mais toutes ces réactions en faveur du principe d'association si étrangement méconnu en
1789 sont autant de conquêtes sur la Révolution française, dont c'est l'erreur fondamentale de ne concevoir et de n'admettre aucun
organisme intermédiaire entre l'individu et

l'Etat. Et que l'on ne vienne pas se rabattre sur un sophisme grossier pour attribuer au mouvement révolutionnaire de 1789 la moindre part d'influence dans les progrès économiques qui ont pu s'accomplir depuis cent ans. Ce sophisme qui ne tient pas contre une minute de réflexion, nous nous attendons bien à l'entendre sous peu répéter à l'envi par les panégyristes de la Révolution.

Voyez, nous dira-t-on, quel progrès économique s'est réalisé depuis la fin du siècle dernier : l'ouvrier est mieux vêtu, mieux nourri, mieux logé que par le passé : pur bienfait de la Révolution française. Pur sophisme, dirons-nous à notre tour! Si les conditions économiques du temps actuel sont meilleures à certains égards que celles de l'âge précédent, cela est dû à des causes toutes différentes : cela est dû au progrès des sciences naturelles, physiques et chimiques, aux inventions et aux découvertes de l'industrie, à l'application de la vapeur et de l'électricité aux diverses catégories du travail humain, à une plus grande facilité dans les moyens de communication, à la multiplication des relations commerciales, à l'amélioration des routes, à la création des chemins de fer, au mouvement général de l'art et de la pensée. Mais tout cela n'a rien de commun avec les doctrines ni avec les pratiques de la Révolution française. Autant vaudrait faire bénéficier des recherches du docteur Jenner la révolution anglaise de 1688, ou bien mettre au profit de la constitution française de

1875 la découverte de la vaccination antira-
bique par M. Pasteur. Il n'y a aucune espèce
de rapport entre des choses d'ordre si différent.
Et la preuve que la Révolution française n'est
absolument pour rien dans les améliorations
dont je viens de parler, c'est que dans les
pays les plus réfractaires à ses doctrines,
comme l'Angleterre, par exemple, le progrès
économique est à tout le moins aussi considérable que dans le nôtre. Par conséquent, une
pareille déduction ne serait pas légitime, alors
même qu'on l'agrémenterait de la phrase si
connue de La Bruyère, à laquelle l'auteur de
Germinal n'a pas eu de peine à trouver un
pendant bien autrement pittoresque, en décri-
vant la condition des mineurs de nos jours.

Laissons donc là ce sophisme et disons ce
qui est l'évidence même : la Révolution française n'a rien fait pour améliorer la condition
des classes laborieuses; bien au contraire, elle
a jeté le trouble et la confusion dans le monde
du travail; elle a détruit, sans y rien substituer, ces corporations ouvrières, ces groupes
sociaux si bien organisés, où petits et grands,
faibles et forts, pauvres et riches étaient unis
entre eux par les mêmes liens professionnels,
dans une vaste hiérarchie de services et de
fonctions; elle n'a pas su donner à la liberté
du travail, dans la liberté d'association, un
correctif et un complément indispensables;
elle a désagrégé les masses ouvrières, en les
soustrayant à la direction de leurs chefs natu-
rels, pour les livrer sans défense à l'action des

sociétés secrètes, de ces ligues ténébreuses où elles deviennent la proie de politiciens sans aveu et sans scrupule; elle a créé l'antagonisme du capital et du travail, cette grande plaie des temps modernes; et chaque fois qu'il est question de remédier à un état de choses si lamentable, on est obligé de remonter le courant de la Révolution, pour reprendre une à une les œuvres qu'elle a détruites, et pour corriger les erreurs de son symbole économique et social.

XI

LA RÉVOLUTION FRANÇAISE ET LE MILITARISME

L'une des plaies les plus vives et les plus profondes de notre temps, c'est le militarisme. ce système véritablement monstrueux, qui consiste à prendre chaque année tous les jeunes hommes valides d'un pays, à peu d'exceptions près, pour les enfermer dans des casernes, vrais foyers d'irréligion et d'inconduite, loin de leurs familles dont, à cet âge-là, les leçons et les exemples leur seraient si nécessaires et auxquelles leurs services pourraient être si précieux; enlevés brusquement à leurs travaux, sans égard pour les intérêts majeurs d'une nation, ceux de l'agriculture, du commerce et de l'industrie; jetés dans un célibat forcé et privés, pendant plusieurs années, des libertés les plus naturelles à l'homme et au citoyen. Que les partisans de la perfectibilité indéfinie de l'espèce humaine applaudissent à un pareil spectacle, c'est affaire à eux, et nous leur laissons volontiers cette satisfaction. Quant à nous, il nous est impossible de ne pas voir dans cet état de choses irrégulier, anormal, contre nature, un recul de la civilisation européenne.

une des superstitions de notre époque (1) ».

Cette superstition, contre laquelle Herbert Spencer s'élève à si juste titre, est l'un des traits distinctifs de la Révolution française. Moraliser le peuple par la diffusion de l'enseignement, sans faire appel aux secours et à la pratique de la religion. c'était le thème favori des coryphées de nos assemblées révolutionnaires du siècle dernier, et leurs disciples continuent à le développer sous nos yeux. Ici du moins, ni les uns ni les autres ne sont d'accord avec le théoricien du *Contrat social* laissant échapper cet aveu dans un éclair de raison : « Je n'entends point qu'on puisse être vertueux sans religion ; j'eus longtemps cette opinion trompeuse dont je suis bien désabusé (1). » Mais nous ne voulons pas trop insister sur « cette opinion trompeuse », ou, pour mieux dire, cette colossale erreur que les Mirabeau, les Talleyrand, les Condorcet, les Lanthenas, les Lakanal, les Lepelletier de Saint-Fargeau ont léguée aux révolutionnaires de nos jours. Il faut être absolument dépourvu de sens pratique et avoir l'esprit fermé à toute observation psychologique et morale, pour ne pas voir que l'instruction ne suffit point à elle seule et par elle-même pour assurer le bonheur des individus et la prospérité des États; que la science n'est autre chose qu'un instrument, un

---

(1) Herbert Spencer, *Préparation à la science sociale par la psychologie*

(2) Jean-Jacques Rousseau, lettre à d'Alembert, t. Ier, édition de 1829, p. 404.

outil, un instrument de vie ou de mort, un outil susceptible d'ajouter au progrès du mal, comme il peut devenir une force pour le bien, selon la main qui l'emploie; que si elle est féconde en bienfaits, quand c'est la vertu qui l'utilise, elle multiplie entre les mains du vice les moyens de destruction, et lui prête de nouvelles armes contre la société; que la science n'est donc pas cette panacée infaillible à l'aide de laquelle les révolutionnaires du siècle dernier s'imaginaient pouvoir guérir tous les maux du monde; car, loin d'y mettre un terme, elle peut y en ajouter de nouveaux, et devenir le poison qui tue au lieu du remède qui soulage.

Ce n'est pas seulement le christianisme qui avait tenu ce langage depuis dix-huit siècles; déjà la sagesse antique parlait ainsi par l'organe de ses plus grands maîtres : « Sans la vertu, disait Platon, toutes les sciences ne peuvent être que très nuisibles (1); » et dans un autre passage : « Toute espèce de science, séparée de la justice et de la vertu, n'est qu'une aptitude à mal faire (2) »; et ailleurs : « L'ignorance n'est pas le plus grand des maux, ni le plus à redouter; beaucoup de connaissances, beaucoup de science avec une mauvaise éducation, c'est quelque chose de bien plus dangereux (3). »

Mais la pédagogie révolutionnaire ne l'entend pas de la sorte : elle attache à l'instruction une vertu intrinsèque et suffisant par elle-

(1) *Alcibiade*, p. 498, édit Didot.
(2) Menex, p. 571.
(3) VII° livre des *Lois*.

même pour moraliser l'homme. Pour la première fois depuis qu'il y a des écoles au monde, on vit se produire en 1789 un système d'éducation indépendant et exclusif de toute idée religieuse. C'est une conception propre à la Révolution française, et il n'y a pas lieu de s'étonner qu'elle ait été reprise de nos jours par ceux qui s'attachent à suivre le plus fidèlement ses traditions. Inutile de montrer, comme nous l'avons fait tant de fois dans nos discours et nos instructions pastorales, qu'en cela, ces fiers partisans du progrès reculaient tout simplement au-delà du paganisme, en ne sachant même plus reconnaître, avec Platon, que la vertu consiste essentiellement dans « l'imitation de Dieu »; qu'elle est dans l'âme humaine un reflet des perfections divines; que la notion du juste et de l'honnête se rattache au législateur suprême, qui seul peut lui donner son caractère impératif et obligatoire; que Dieu apparaît au sommet de l'intelligence comme l'expression éternelle et souveraine de la loi morale; qu'il est à la fois la raison première du devoir et l'exemplaire de la sainteté; et que, par conséquent, isoler la vertu de Dieu, qui est son principe et son fondement, c'est la réduire à rien.

Il est à croire que les tenants de la pédagogie révolutionnaire, ceux d'aujourd'hui comme leurs devanciers, n'ont jamais mis la main à l'œuvre si difficile de l'éducation. Autrement il serait impossible de comprendre qu'à l'aide d'un simple manuel civique, sans chercher un point d'appui en Dieu, et rejetant

tout mobile supérieur à la volonté de l'homme,
ils aient pu se flatter de vaincre les résistances
que rencontre la vertu dans le cœur de l'enfant :
ce fonds trop souvent ingrat et rebelle à la
culture morale ; cet égoïsme si enclin à chercher en toutes choses la satisfaction d'un plaisir
et d'un caprice ; cette prédominance marquée
de la vie des sens sur la vie de l'esprit ; ce goût
inné pour tout ce qui flatte l'amour-propre, et
cette répulsion instinctive contre tout ce qui
s'appelle une gêne, une entrave, une règle ;
en un mot, ces penchants, ces inclinations
naissantes qui préoccupent et alarment la vigi-
lance d'un maître attentif et consciencieux.
Tout pénétrés qu'ils puissent être de la vertu
moralisatrice de l'alphabet ou du calcul, il est
difficile de comprendre que des hommes sérieux n'attachent pas une importance plus
grande encore à graver dans l'âme des enfants
l'idée de Dieu témoin et juge de leurs pensées
et de leurs actions les plus secrètes ; de Dieu,
pour qui rien n'est caché, et dont le regard,
scrutant les reins et les cœurs, plonge là même
où n'atteint pas l'œil du maître, où ne pénètre
pas davantage l'œil du père et de la mère. C'est
ainsi que l'humanité chrétienne avait compris
et réalisé depuis dix-huit siècles la grande
œuvre de l'éducation morale ; et l'expérience
n'a cessé de démontrer qu'en dehors de l'action
religieuse sur l'enfance, il n'y a jamais eu qu'impuissance et déception. « Quiconque n'aime
pas Dieu, écrivait Bossuet, quoi qu'il dise et
quoi qu'il promette, n'aimera que lui-même. »

L'expérience! Elle était faite quelques années après l'application des théories de Condorcet et de Lakanal. En l'an VIII, le ministère de l'intérieur constatait en ces termes les résultats de la pédagogie révolutionnaire : « Les écoles primaires sont presque partout désertes. Deux causes y ont contribué : la première est le détestable choix de ce qu'on a appelé des instituteurs; ce sont presque partout des hommes sans mœurs, sans instruction, et qui ne doivent leur nomination qu'à un prétendu civisme qui n'est que l'oubli de toute moralité et de toute bienséance. La seconde cause est dans la force toujours subsistante des opinions religieuses que les lois ont trop heurtées et pour lesquelles ces instituteurs affichent un mépris insolent(1). » Un an après, Portalis disait devant le Corps législatif : « Il est temps que les théories se taisent devant les faits. Point d'instruction sans éducation, et point d'éducation sans morale et sans religion. Les professeurs ont enseigné dans le désert, parce qu'on proclama imprudemment qu'il ne fallait jamais parler de religion dans les écoles. L'instruction est nulle depuis dix ans. Il faut prendre la religion pour base de l'éducation. Les enfants sont livrés à l'oisiveté la plus dangereuse, au vagabondage le plus alarmant. Ils sont sans idée de la divinité, sans notion du juste et de l'injuste : de là des mœurs

(1) Archives nationales, fᵒ 175001. Voir l'ouvrage de M. Albert Duruy, *l'Instruction publique et la Révolution,* p. 178 et suiv.

farouches et barbares, de là un peuple fé-
roce (1). »

« L'instruction est nulle depuis dix ans! »
Voilà ce qu'avait produit la Révolution française dans la première période de son existence. J'ignore si c'est là-dessus que l'on
compte pour célébrer le centenaire de 1789.
Mais revenons au point de départ. Après les
recherches faites depuis vingt ans à l'aide de
documents précis, et qui sont encore loin d'être
complètes, il n'est plus permis qu'à des igno-
rants ou à des déclamateurs sans conscience
de prétendre qu'avant 1789 l'instruction était
négligée en France (2). Pour l'enseignement
primaire, un budget annuel de plus de 20 millions de livres — c'est le chiffre de Condorcet,
— budget que nous n'avons guère dépassé de
nos jours (3); pour l'enseignement secondaire,
562 collèges comptant 72,747 élèves, dont
40,000 environ recevaient l'instruction soit
entièrement, soit partiellement gratuite (4);
pour l'enseignement supérieur et spécial, outre
les 21 universités du royaume et le col-
lège de France, 50 académies, 72 écoles spé-

(1) *Exposé des motifs du Concordat devant le Corps législatif.*
(2) Nous voulons parler des travaux importants et consciencieux de MM. du Boulay, Taranne, Vallet, de Viriville,
Charles Jourdain, Brunetier, de Beaurepaire, de Char-
masse, de Barthélemy, de Resbec, Fayet, Babeau, Albert
Duruy, etc., etc.
(3) Inutile de dire que la dépense était supportée, non
point par l'État, mais par les congrégations, les fabriques
et les fondations particulières.
(4) Rapport de M. Villemain, en 1813, sur la situation
de l'enseignement secondaire.

ciales ou professionnelles de dessin, d'hydrographie, de mathématiques, d'art militaire, d'artillerie, de marine, des mines, des ponts et chaussées : voilà le bilan, fort incomplet, des établissements d'instruction en France, au début de la Révolution (1). C'est donc avec raison que M. Guizot pouvait dire dans la séance de la Chambre des députés, le 15 mars 1835. : « Avant 1789, il y avait en France une grande et active concurrence entre tous les établissements particuliers, toutes les congrégations, toutes les fondations savantes, littéraires, religieuses, qui s'occupaient d'instruction publique. Cette concurrence était très active, très efficace, et c'est à cette concurrence qu'ont été dus en grande partie les bienfaits du système d'éducation de cette époque, et la vitalité, cette vitalité énergique qu'il a manifestée à différentes époques. »

Est-ce à dire que tout fût parfait dans cette organisation, et qu'il n'y eût plus désormais ni améliorations ni réformes à y introduire? Allons-nous prétendre que dans ces écoles primaires, ces collèges et ces universités, on enseignait autant de matières qu'aujourd'hui? Assurément non. Avec les progrès accomplis depuis lors dans les sciences mathématiques et naturelles, physiques et chimiques, ce serait chose bien étrange que nous ne fussions pas plus avancés aujourd'hui qu'il y a cent ans. Sans attacher plus d'importance qu'il ne faut au

(1) Rapport de M. Villemain, en 1843, sur la situation de l'enseignement secondaire.

mot de Coffinhal à Lavoisier : « Tais-toi, la République n'a pas besoin de chimistes », nous soutenons purement et simplement que la Révolution française n'a rien à revendiquer pour elle dans ces progrès ni dans leurs conséquences. Des écoles polytechniques, des écoles militaires, des écoles d'arts et métiers, des écoles professionnelles, l'Europe entière en a créé tout autant et en plus grand nombre encore que la France moderne; et pour activer le progrès de l'instruction primaire, il a fallu prendre exemple sur les pays les plus réfractaires aux idées de la Révolution française, tels que la Prusse et la Saxe. Une seule chose est à retenir dans tout cela, parce qu'elle résume la question tout entière : c'est que, avant 1789, en matière d'instruction, la France n'avait pas de rivale dans le monde, tandis que, à l'heure présente, elle n'est supérieure, sous ce rapport, à aucun des grands États de l'Europe.

Qu'est-ce donc qui appartient en propre à la Révolution française en matière d'instruction? Une conception absolument fausse, celle de l'État enseignant, du monopole et de la centralisation universitaire.

L'État enseignant! A moins que nous ne soyons fatalement voués au plus effrayant et au plus absurde de tous les despotismes, j'espère bien que, dans cent ans d'ici, on ne comprendra plus qu'une pareille erreur ait pu s'emparer de l'esprit d'un peuple. Je l'ai dit vingt fois à mes contemporains, sans avoir jamais trouvé une réfutation, et je ne cesserai de le répéter : quoi qu'aient pu en dire Condorcet, Lakanal et tant d'autres, la fonction éducatrice n'entre nullement dans l'idée de l'Etat, qui est un pouvoir de gouvernement et non pas un pouvoir d'enseignement. On a beau presser en tous sens les divers pouvoirs qui constituent l'Etat, le pouvoir législatif, le pouvoir exécutif, le pouvoir judiciaire, jamais l'on n'en fera sortir la fonction éducatrice. Que l'Etat exerce à cet égard une mission de surveillance, d'encouragement et de protection, à la bonne heure; mais vouloir enseigner toute la jeunesse d'un pays, et la jeter dans un seul et même moule, alors que l'on n'a pas et que l'on fait profession de ne pas avoir de doctrine d'Etat, ni en religion, ni en philosophie, ni en histoire, ni dans tout le reste, c'est le comble de l'absurdité.

Cette absurdité, inhérente au système d'éducation de la Révolution française, a pour conséquences nécessaires le monopole et la centralisation universitaires. Ici, nous réclamons contre l'idée conventionnelle reprise par Napoléon, au nom de la science elle-même, qui vit de liberté et non pas d'uniformité, qui, sous peine d'être mise en état d'infériorité vis-à-vis de l'étranger, demande à n'être pas entravée par la bureaucratie dans ses programmes et dans ses méthodes. A la suite de nos désastres de 1870, il semblait qu'une réaction vigoureuse allait nous délivrer pour toujours du faux système d'instruction appliqué depuis quatre-vingts ans. C'était le moment

où des éclairs de bon sens et de raison sillon-
naient la France d'un bout à l'autre. Or, voici
comment, le 6 mars 1871, au sein de l'Académie des sciences, l'on appréciait la centralisation universitaire, cette conception propre
à la Révolution française :

« La science a joué un grand et terrible rôle
dans les défaites que nous venons de subir.
Les découvertes d'Ampère, les travaux de nos
mécaniciens militaires, ont été cruellement
utilisés contre nous. Enfin, l'organisation libé-
rale des Universités allemandes a été mise au
service des passions haineuses dirigées contre
notre pays. Aussi dit-on de divers côtés, et
avec raison, que c'est par la science que nous
avons été vaincus. La cause en est dans *le
régime qui nous écrase depuis quatre-vingts ans,*
régime qui subordonne les hommes de la
science aux hommes de la politique et de
l'administration, régime qui fait traiter les
affaires de la science, sa propagation, son
enseignement et son application par des corps
ou des bureaux où manque la compétence, et
par suite l'amour du progrès (1). »

Et que disait, dans une séance postérieure,
du régime introduit depuis quatre-vingts ans
par la Révolution française, un grand chimiste
dont l'autorité en pareille matière est irrécu-
sable? Après avoir rappelé « qu'avant notre
première Révolution, les Universités françaises

(1) *De l'intervention de l'Académie dans les questions géné-
rales de l'organisation scientifique,* par M. Henri Sainte-Claire
Deville.

étaient indépendantes, comme le sont aujour-
d'hui celles des autres pays », M. Dumas ajou-
tait que « le système adopté depuis soixante ans
dans notre pays pour la discipline de l'enseignement supérieur constituait une cause permanente de décadence et d'affaiblissement, à
laquelle il convenait de porter enfin un remède
prompt et énergique ». Pourquoi cela? « Parce
qu'il n'est pas bon, reprenait-il, que tous les
établissements d'instruction supérieure soient
soumis au même régime, aux mêmes programmes; il n'est pas bon qu'ils aient tous à
demander à un centre commun le mouvement
intellectuel et les ressources matérielles. En
Suisse, en Suède, en Allemagne, en Angleterre, aux Etats-Unis, des Universités nombreuses, diverses dans leur origine et dans
leurs tendances, prospèrent, au contraire, sous
des conditions de vie propre, d'autonomie, et
offrent à l'observateur un spectacle plein d'intérêt. » Et l'illustre savant, faisant le procès
à la pédagogie révolutionnaire, concluait en
ces termes : « Rendons à nos Universités, sous
la surveillance de l'Etat, et, au besoin, avec
ses subventions, cette indépendance dont elles
jouissaient avant notre première Révolution.
Les grands hommes que cette époque a vus
surgir sont autant de glorieux témoins qui
attestent devant l'histoire la force des études
et la vigueur de la discipline de ce libre enseignement de nos pères (1). »

(1) Académie des sciences, compte rendu de la séance
du lundi 13 mars 1881.

Sans doute, ce noble et ferme langage n'a pas été complètement perdu. On parle de rendre aux Facultés de l'État, avec la disposition d'elles-mêmes, une certaine autonomie. D'autre part, la liberté de l'enseignement a fait brèche au régime du monopole et de la centralisation universitaire, inauguré il y a cent ans. Nous ne pouvons qu'applaudir à ce réveil des vraies notions pédagogiques. Mais ce qu'il importe de bien constater, c'est que ce mouvement de réaction est en sens inverse des idées de 1789. En matière d'instruction comme en tout le reste, chaque fois que l'on fait un pas en avant dans la voie du progrès, c'est une conquête de plus sur les erreurs de la Révolution française.

X

LA RÉVOLUTION FRANÇAISE ET L'INSTRUCTION

Un des hommes de notre temps, que l'anti-christianisme prise le plus, Herbert Spencer, écrivait naguère ces lignes dictées par le simple bon sens :

« La confiance dans les effets moralisateurs de la culture intellectuelle, que les faits contredisent catégoriquement, est du reste absurde en elle-même. Quel rapport peut-il y avoir entre apprendre que certains groupes de signes représentent des mots, et acquérir un sentiment plus élevé du devoir? Comment la facilité à former couramment des signes représentant les sons pourrait-elle fortifier la volonté de bien faire? Comment la connaissance de la table de multiplication ou la pratique des divisions peuvent-elles développer les sentiments de sympathie, au point de réprimer la tendance à nuire au prochain? Comment les dictées d'orthographe et l'analyse grammaticale pourront-elles développer le sentiment de la justice, ou des accumulations de renseignements géographiques accroître le respect de la vérité? Il n'y a guère plus de relations entre ces causes et ces effets qu'avec la gymnastique qui exerce les mains et fortifie les jambes. La foi aux livres de classe et à la lecture est

Certes, la défense militaire d'un pays est d'une nécessité indispensable : nul doute à cet égard. Mais le progrès de la civilisation avait précisément consisté à réduire de plus en plus des charges si onéreuses pour une nation, à diminuer le chiffre des hommes de guerre pour augmenter celui des citoyens uniquement appliqués aux métiers et aux arts. Plus on s'était éloigné de l'invasion des barbares, de l'époque des Huns et des Vandales, où chaque individu prenait part à la guerre, moins les armées étaient devenues nombreuses. Les charges militaires ne pesaient que sur une faible quantité d'hommes et le reste de la population était exonéré par là même d'un service le plus pénible de tous. Employer à la défense du territoire le moins de soldats possible, afin de soulager d'autant les différentes classes de la société ; recruter l'armée par la voie des engagements volontaires, au lieu d'imposer à tous une commune servitude, c'est le but auquel tendait de toutes parts la civilisation européenne ; et ce but avait été atteint le plus souvent. On est surpris du nombre peu considérable de troupes engagées dans les guerres du dix-septième et du dix-huitième siècles. A Fontenoy, la dernière grande affaire militaire de l'ancienne monarchie, il n'y avait pas quarante mille hommes en ligne du côté des Français (1). Dans de pareilles conditions, on

_____

(1) *Les guerres sous Louis XV par le comte Pajol*, t. III, p. 390.

n'avait rien à redouter ni pour le mouvement
de la population, ni pour l'essor de l'industrie,
du travail et des arts. Avant 1789, il n'est pas
question de levées en masse ni d'armements
universels; le militarisme n'existe pas.

Il est le fruit naturel et la conséquence
directe des guerres de la Révolution et de
l'Empire. Là-dessus, il n'y a pas de contestation possible. « C'est de la Révolution française,
dit avec raison l'auteur de *la Nation armée*,
que date l'époque présente dans l'art militaire,
et cette époque durera jusqu'à ce que de nouvelles modifications sociales donnent une base
nouvelle à la vie militaire et politique... La
conscription fournit les masses d'hommes nécessaires pour permettre, en cas de besoin, de
prodiguer la vie humaine (1). »

Prodiguer la vie humaine au moyen de la
conscription : quel étrange progrès pour la
civilisation européenne! Était-il donc vraiment si nécessaire de déchaîner ce nouveau
fléau sur l'humanité? Oui, du moment que
l'on songeait à entreprendre des guerres de
propagande révolutionnaire. Non, si le mouvement de 1789 s'était renfermé dans les limites
d'une sage et utile réforme. Vers la fin du
siècle dernier, aucune puissance n'était en
mesure de lutter avec la France dont la
force offensive et défensive n'avait jamais été
mieux appuyée sur les alliances et les traités.
Avec une armée de 230,000 hommes sur le

(1) Von der Goltz, *la Nation armée*, p. 13.

pied de paix, de 295,000 sur le pied de guerre, notre pays pouvait défier toute agression ; et il eût été facile d'élever ce chiffre, sans recourir au système ruineux et barbare de la conscription (1). La guerre d'Amérique avait relevé le moral de la jeunesse militaire; les États-Unis étaient indépendants; l'Angleterre venait d'éprouver notre force; les revers de la guerre de Sept ans étaient effacés. Témoin d'une situation qu'il appréciait sans la flatter, Philippe de Ségur a pu dire dans ses *Mémoires* : « La France était inattaquable avec avantage, quand bien même toutes les puissances de l'Europe auraient fait une ligue contre la maison de Bourbon : 24 à 25 millions d'habitants (2), des frontières bordées par deux mers, des ports magnifiques, bien approvisionnés en tous genres, des places de guerre bien fortifiées, soutenues, dans beaucoup de parties, de deux et quelquefois de trois lignes; d'autres places d'un ordre inférieur; un militaire nombreux, bien discipliné et bien entretenu, dont la valeur était reconnue; le pacte de famille entre toutes les branches régnantes de la maison de Bourbon, qui assurait toutes les frontières méridionales, tout enfin paraissait propre à inspirer au gouvernement une sécurité parfaite (3). »

(1) *État militaire de la France pour l'année* 1789. Les dépenses de la guerre montaient pour la même année à 96,883,645 livres.

(2) La Prusse ne comptait alors que 6 millions d'habitants et l'Autriche 20 millions.

(3) *L'Armée royale en* 1789, par M. Albert Duruy, p. 25.

Mais il est évident que la situation devait complètement changer de face et le régime militaire se modifier profondément dès l'instant que, rompant toutes les alliances et tous les traités, le parti révolutionnaire allait jeter le défi à l'Europe entière, en faisant une propagande de doctrines menaçantes pour les rois et les peuples. Je voudrais n'avoir pas à constater ces provocations d'où est sorti, comme une nécessité fatale, le fléau du militarisme avec ses épouvantables ravages; mais l'histoire ne doit connaître d'autres principes ni d'autres règles que la justice et la vérité. En face d'une Assemblée qui venait de suspendre Louis XVI de ses fonctions comme un simple commis (1), il est impossible de prétendre, sans nier l'évidence, que l'Autriche et la Prusse se méprenaient sur la véritable portée d'un pareil attentat, en déclarant six semaines après, à Pilnitz (2), « que la situation du roi de France était d'un intérêt commun à tous les souverains ». Et si l'on va jusqu'à soutenir que le meurtre de Louis XVI était une question d'ordre intérieur, n'intéressant en rien les autres nations, que dire de ce décret rendu par la Convention le 19 novembre 1792 :.

« La Convention nationale déclare qu'elle accordera secours et fraternité à tous les peuples qui voudront recouvrer leur liberté, et elle charge le pouvoir exécutif de donner

(1) Séance du 25 juin 1791.
(2) Le 7 août 1791.

des ordres aux généraux des armées françaises pour secourir les citoyens qui auraient été ou qui seraient vexés pour la cause de la liberté.

« La Convention nationale ordonne aux généraux des armées françaises de faire imprimer et afficher le présent décret dans tous les lieux où ils porteront les armes de la République (1). »

Voilà bien une excitation à la révolte universelle contre tous les pouvoirs établis. La Révolution française se fait le justicier des rois et des peuples; elle s'érige en redresseur des griefs sur toute la surface du monde. Faut-il s'étonner que l'Europe entière ait répondu à ces provocations par des coalitions sans cesse renaissantes? A partir de ce moment-là, c'est une guerre à mort qui commence, et, d'une trêve à l'autre, un état de paix armée presque aussi désastreux. Evidemment, les moyens ordinaires n'y suffisent plus : l'ère est passée du recrutement des troupes par les engage-

(1) Voici le langage que tenaient les députés à cette époque. On comprend que cette propagande révolutionnaire ait provoqué les coalitions européennes :

« Ah! s'il était vrai que le réveil des peuples fût arrivé; s'il était vrai que le *renversement de tous les trônes* dût être la suite prochaine du succès de nos armées et du volcan révolutionnaire; s'il était vrai que les vertus républicaines vengeassent enfin le monde de tous les crimes couronnés; que chaque région, devenue libre, forme alors un gouvernement conforme à l'étendue plus ou moins grande que la nature lui aura fixé; et que de toutes ces conventions nationales, un certain nombre de députés extraordinaires forment au centre du globe une Convention universelle qui veille sans cesse au maintien des droits de l'homme, à la liberté générale du commerce et à la paix du genre humain! » (*Discours de Milhaud, député du Cantal, prononcé aux Jacobins, en novembre 1792.*)

ments volontaires ; au risque d'épuiser la nation, il y faut les levées en masse et les armements universels. Désormais tous les Français
seront en état de réquisition permanente ;
chaque citoyen se trouvera placé pour un
temps de sa vie entre les mains du gouvernement. C'est pour organiser ce règne de la
liberté individuelle, qu'on verra se succéder
les décrets du 24 février et du 23 août 1793,
suivis de la loi du 19 fructidor an VI. Vainement, devant une pareille déperdition des
forces nécessaires au développement matériel
et moral de la société, cherchera-t-on plus
tard à revenir au principe des engagements
volontaires, dans les lois du 10 mars 1818 et
du 14 avril 1832 (1) ; toutes ces tentatives seront
en pure perte : le militarisme est entré dans
la vie nationale avec la Révolution française,
et il n'en sortira qu'après le complet épuise-
ment du pays.

Efforts gigantesques, je le veux bien, et qui
témoignent de la puissante vitalité dont le
peuple français était doué à la veille de 1789.
Nous ne sommes pas plus insensibles que
d'autres au spectacle grandiose de ce drame de
vingt-cinq ans où notre pays allait ajouter tant
de pages nouvelles à l'histoire de ses gloires
militaires. Il ne faudrait pourtant pas se laisser
impressionner par ces hécatombes sanglantes

(1) Article 1er de la loi de 1818 : « L'armée se recrute
par des engagements volontaires et, *en cas d'insuffisance*,
par des appels. » — Article 1er de la loi de 1832 : « L'armée
se recrute par des appels et des engagements volontaires. »

jusqu'à oublier les désastres qui en ont été la
suite. En donnant le signal des armements
universels, il est clair que la Révolution fran-
ça'se allait forcer tous les peuples de se plier
au même système. Dès lors, la quantité jouerait
le plus grand rôle; et le succès deviendrait
finalement une question de nombre. On serait
écrasé tôt ou tard sous la supériorité des
effectifs. Ç'a été l'histoire de 1815 et de 1871.
A ce jeu-là, tout dépend de l'accroissement de
la population. Nous pouvons encore lutter à
l'heure présente; mais qu'adviendra-t-il, en
face de 120 millions de Russes et de 80 millions d'Allemands, avec un chiffre d'habitants
presque stationnaire? Nous ne voulons pas
insister sur des conséquences aussi doulou-
reuses; mais, ce que l'évidence nous oblige à
conclure, c'est que le militarisme, né de la
Révolution française, s'est retourné contre notre
pays, pour l'avenir duquel il constitue la plus
redoutable des menaces.

XII

LA RÉVOLUTION FRANÇAISE ET L'AVENIR DE LA FRANCE

Le vrai patriotisme ne consiste pas à dissimuler une situation sous des phrases élogieuses, mais à dire au pays ce que l'on estime la vérité, sans se préoccuper de lui être agréable ou non. Partant de là, nous n'hésitons pas à conclure que la France est sortie de sa voie historique et traditionnelle, en 1789, et que, depuis lors, elle n'a pas su y rentrer définitivement, malgré des retours intermittents vers les principes et les institutions qui avaient fait sa grandeur et sa force. De là tout un siècle d'oscillations entre les régimes les plus contradictoires, depuis le despotisme jusqu'à l'anarchie. Rien ne dure ni ne peut durer, parce que, en l'absence d'un état de choses fixé par l'expérience et par la tradition, tout est livré au hasard des événements. Comme l'on ne reconnaît plus, — du moins généralement, — un droit national, antérieur et supérieur à la volonté ou, pour mieux dire, au caprice de chaque génération qui arrive à la vie politique, l'instabilité est devenue la règle. Voilà pourquoi les révolutions se succèdent périodiquement; et, à chacune d'elles, il se fait une déperdition de forces, parce que de nouvelles sources de divisions viennent s'ajouter aux anciennes. Il n'y a pas de peuple, si

robuste soit son tempérament, qui puisse
tenir à la longue devant des crises sans cesse
répétées et dont il est difficile de prévoir la fin.

Oui, il est difficile d'en prévoir la fin; et
c'est à ce point de vue surtout que la situation
du pays, telle que la Révolution française l'a
faite, me paraît alarmante. La division des
partis est extrême, je le constate avec douleur;
elle l'est d'autant plus, qu'il ne s'agit pas
seulement d'intérêts ou de personnes, mais de
doctrines. C'est au nom du droit national,
appuyé sur un consentement et consacré par
une prescription de huit siècles, que l'héritier
d'une dynastie de quarante rois demande au
peuple français le renouvellement d'un pacte
tant de fois séculaire. D'autre part, un homme
de génie est entré plus récemment dans l'histoire de France, y plongeant de profondes racines; et, à moins d'une abnégation dont les
partis sont rarement capables, il est malaisé de
l'en faire sortir avec son grand nom, ses services et jusqu'à ses malheurs, devenus les
nôtres. Enfin tout un parti, encore plus violent
que nombreux, se réclame de la Convention,
de ses théories radicales et irréligieuses. Comment faire de l'harmonie avec des opinions si
discordantes? On parle de plébiscite, d'appel
au peuple, pour mettre tout le monde d'accord,
sinon pour fondre toutes les doctrines en une
seule. Mais comment ne pas prévoir que dé-
sunis la veille, les esprits n'en continueront
pas moins à rester divisés le lendemain? Un
observateur sérieux peut-il s'arrêter à cette

idée, qu'il suffira d'un vote transitoire et passager pour faire que le droit héréditaire cesse d'être le droit héréditaire, pour empêcher à l'avenir toute revendication sous le nom de Napoléon, et pour refouler dans le néant les aspirations du parti républicain? Ce seraient là de pures illusions. La Révolution française a créé parmi nous des divisions bien autrement durables et profondes : elle a séparé la France en plusieurs camps absolument hostiles les uns aux autres. Voilà pourquoi je la considère comme l'événement le plus funeste de notre histoire nationale.

Ah! sans doute, il y a dans la vie d'un peuple des moments où il n'est pas trop difficile de rétablir l'union rompue par de longues discordes; mais il faut savoir en profiter, car ces occasions passent vite. Sous le coup des épouvantables désastres de 1870, la France, mutilée et meurtrie, avait compris les périls de sa situation; l'œuvre de la Révolution était là, sous ses yeux, terrible en leçons et en mécomptes de tout genre. Plus rien n'était resté debout de tout ce que l'on avait imaginé pour remplacer les vraies traditions du pays. Devant le démembrement de la patrie, il ne pouvait entrer dans l'esprit d'un homme sérieux de vouloir relever le régime qui venait de s'effondrer à Sedan. Le retour aux idées saines était si général que, dans la revue la plus infatuée de libéralisme, la *Revue des Deux-Mondes*, l'on pouvait écrire en toutes lettres que la Révolution française n'avait tenu aucune de

ses promesses, qu'elle avait fait banqueroute
à la liberté comme à tout le reste. C'était donc
le moment favorable pour rompre avec la
Révolution et pour reprendre le mouvement
réformateur de 1789. Un prince était là, dési-
gné par sa naissance et par son rang pour
mettre la main à cette œuvre de restauration
et de progrès, un prince doué d'une haute
intelligence, le plus honnête homme de son
temps, vrai type de loyauté et de probité politique ; un prince mûri par l'étude et par l'épreuve
du malheur, n'ayant ni compétitions à craindre
ni représailles à exercer, placé qu'il était au-
dessus de tout esprit de caste et de coterie ; un
prince rompu aux questions sociales, les plus
importantes de notre époque, ayant profondément médité sur les besoins et les intérêts de
son pays, éminemment propre, par son talent
comme par ses vertus, à opérer la réconcilia-
tions des partis, au sein d'une France compacte
et unie. L'histoire aura peine à comprendre
que, par de misérables susceptibilités et pour
n'avoir pas voulu laisser à Monsieur le comte
de Chambord le temps de résoudre une question
de drapeau, une fois arrivé au trône, on ait
joué le sort de la France sur des équivoques et
des malentendus. Quoi qu'il en soit, nous voilà
rejetés plus que jamais dans la division des
partis, avec des prétentions qui, alors, n'auraient pas même osé se produire, et sans
savoir où peut aboutir une pareille mêlée
d'ambitions et de doctrines.

Dans la situation que la Révolution a faite à

la France, il est impossible de ne pas rapprocher les deux faits de l'histoire moderne qui
jettent le plus de lumières sur les conditions
dans lesquelles les nations tombent ou se
relèvent.

Il y avait au siècle dernier, vers l'orient de
l'Europe, une nation fière et chevaleresque
entre toutes. Dieu l'avait douée de toutes les
qualités qui font un grand peuple. L'intelligence et la bravoure s'alliaient chez elle à l'ar-
deur d'une foi qui ne savait reculer devant
aucun sacrifice. Apôtre armé du christianisme,
cette race vaillante avait porté tout autour d'elle
les lumières de l'Évangile, et, dans cette longue
croisade pour la justice et la vérité, on l'avait
vue maintes fois opposer à la barbarie orientale
une barrière infranchissable. Bref, elle était là
aux avant-postes de la chrétienté, la couvrant de
son épée à l'heure du péril, et, sous le sceptre
des Ladislas et des Sigismond-Auguste, l'on
pouvait se demander où s'arrêteraient les
destinées d'un pays qui possédait de telles
ressources. Mais un vice intérieur minait cette
France du Nord : l'indiscipline et l'esprit de
parti. Au lieu de s'attacher à la grande institution nationale qui avait fait sa force et son
unité, la Pologne ne sembla préoccupée que
de l'affaiblir et de la combattre, aimant mieux
livrer le pouvoir au hasard des compétitions
que de l'établir sur les bases indiquées par la
nature et par sa propre histoire. Elle devait
dès lors épuiser son énergie dans des luttes
stériles, et ne plus retrouver, devant l'étranger

menaçant et uni, des forces qu'elle avait eu le tort de tourner contre elle-même. Vainement, de Sobieski à Kosciusko, des héros surgirent de son sein pour soutenir la patrie défaillante, il n'y a pas d'héroïsme qui puisse infirmer cette parole de l'Évangile : « Tout royaume divisé contre lui-même sera désolé. » On sait le reste. Après neuf siècles de splendeurs et de gloires, la Pologne s'affaissa sur elle-même, succombant sous ses propres fautes plus encore que sous les coups de vainqueurs avides de s'en partager les dépouilles.

Autre exemple, celui-là de relèvement et non de déchéance! Après la bataille d'Iéna, la Prusse semblait anéantie. Refoulée derrière l'Elbe par le traité de Tilsit, réduite désormais à la moitié de son territoire et de sa population, sans ressources, sans forteresses et sans armée, elle paraissait irrémédiablement déchue de son rang de grande puissance, et n'avait pas réussi à sauver du désastre la Marche de Brandebourg, berceau de ses souverains. C'en était fait à jamais, pensait-on, de l'œuvre du grand Frédéric. Mais la Prusse allait montrer ce que peut une nation quand elle s'attache aux principes et aux institutions qui l'ont fait vivre et grandir. Devant les malheurs publics, toute opposition se tut, il n'y eut plus qu'une voix à se faire entendre, celle du patriotisme. La nation tout entière, sans distinction de classes ni de partis, se serra étroitement autour de son souverain; et l'attachement s'accrut du respect qu'inspirait une infortune même méritée. Le

10 août 1807, le roi disait aux professeurs de l'université de Halle : « Il faut que l'État regagne en force intellectuelle et morale ce qu'il a perdu en force physique. » Sa voix fut écoutée ; et un mouvement des esprits, comme il s'en est vu rarement dans l'histoire, devint le prélude de la restauration nationale. Les hommes ne manquèrent pas à l'œuvre suivant cette loi providentielle, que les hommes ne font défaut que là où il n'y a plus ni dévouement ni principes. Tandis que Stein appliquait sa ferme intelligence à réorganiser l'État, Scharnhorst reconstituait l'armée, Guillaume de Humboldt mettait la main aux réformes de l'instruction publique. Eichorn déposait dans l'union douanière le premier germe de l'unité politique qui, à force d'énergie et de persévérance, devait, hélas! se réaliser un demi-siècle plus tard. C'était à qui apporterait une pierre à l'édifice renaissant de la grandeur nationale; et, dans cette mise en commun de toutes les lumières et de toutes les volontés, l'esprit de parti se taisait devant l'intérêt de la patrie. Au milieu de toutes les divergences de l'opinion, on ne cessait de voir dans l'autorité historique et traditionnelle une force tutélaire; c'est autour d'elle et par elle que l'on espérait se relever et grandir, comme ces chênes de nos forêts qui ne montent si haut que parce qu'ils tiennent au sol par des racines séculaires sur lesquelles ni les vents ni la tempête n'ont de prise.

Dans laquelle de ces deux voies s'engagera notre pays? C'est l'avenir qui le dira.

CONCLUSION

Ce serait une tâche trop facile que de signaler un mal sans indiquer le remède. Des critiques purement négatives, outre qu'elles n'amènent aucun résultat, ont le grave inconvénient de paraître inspirées par un esprit d'hostilité et de dénigrement. Tel n'est pas le but de ce travail. Il est vrai que nos conclusions ressortent d'elles-mêmes de tout ce qui précède. A l'occasion du centenaire de 1789, nous avons envisagé la Révolution française sous ses divers aspects et dans ses conséquences les plus directes, pour montrer en face de quel abîme elle a conduit le pays; et, devant un état de choses où tout est remis en question pour la quinzième ou la vingtième fois, depuis les pouvoirs publics jusqu'au sort du plus modeste citoyen, nous attendons sans inquiétude la réponse que l'on voudra nous faire. Il importe cependant de résumer cet examen, pour dégager les éléments de la solution qui nous paraît la seule vraie et la seule efficace. Cette solution, nous la formulons en deux mots : il faut rompre résolument avec la Révolution, et reprendre avec sagesse et fermeté le mouvement réformateur de 1789.

Quoi donc! nous dira-t-on, l'ancien régime, les trois ordres du royaume, tout cet ensemble de choses qui existait avant 1789 : c'est cela

que vous voulez faire revivre? En aucune façon.
Il n'est pas plus en notre pouvoir de ressus-
citer les siècles que les morts. Cent ans ont
passé là-dessus, modifiant profondément la
condition des personnes et des choses. Insensé
serait celui qui voudrait méconnaître les changements survenus d'un âge à l'autre. Des faits,
on doit toujours en tenir compte; mais les
principes, il ne faut jamais les abandonner.

I. — Et d'abord, dans l'ordre religieux, si
l'on ne veut pas que l'athéisme et le matérialisme amènent la décomposition totale de la
société française, — et ce travail n'est déjà que
trop avancé, — il faut de toute nécessité ramener l'application des doctrines et des préceptes
du Décalogue et de l'Évangile dans l'État,
dans la famille, dans l'école; rendre à la religion sa place légitime dans les manifestations
et dans les actes de la vie publique, domestique et privée; ou bien, c'en est fait de la
France, destinée à devenir, pour le monde entier, le plus effrayant exemple d'un peuple
infidèle à sa mission, atteint aux sources mêmes
de la vie morale, et s'affaissant sur lui-même
dans le vide et dans le néant. Sur aucun autre
point les sophistes du siècle dernier et leurs
continuateurs d'aujourd'hui n'ont erré davantage; et c'est à leur propagande d'impiété,
également funeste pour l'élévation des carac-
tères et pour la dignité des mœurs, que nous
devons l'état d'impuissance et de discorde
auquel nous sommes réduits.

II. — Dans l'ordre politique, après tant

d'aventures et d'expédients plus stériles les
uns que les autres, il faut revenir franchement
et sans hésitation à la monarchie nationale,
incarnée et personnifiée dans la maison de
France, ayant ses titres et son droit dans un
consentement prolongé de génération en génération pendant huit siècles, et non pas dans un
simple vote passager arraché par la force des
circonstances ou surpris dans un moment de
troubles; à la monarchie nationale, susceptible
de transformations dans l'avenir comme elle l'a
été dans le passé où on l'avait vue devenir successivement féodale, absolue, tempérée et constitutionnelle; à la monarchie nationale, plus
capable que n'importe quel autre régime, par
la fixité même de son principe, à donner
au pays et à garantir toutes les libertés dé-
sirables. Non, on ne change pas plus le
tempérament d'un peuple que celui d'un
individu. Non, il n'est pas possible d'arra-
cher du corps d'une nation un organe essentiel sans la frapper mortellement. Pour maintenir une société dans les conditions normales
de sa force et de sa vie, il est nécessaire avant
tout de conserver au milieu d'elle, haute et
respectée, l'institution centrale avec laquelle et
par laquelle un peuple est né, a vécu, a grandi,
s'est développé, ne faisant qu'un avec elle, et
trouvant dans cette alliance féconde, à travers
les vicissitudes de son histoire, la garantie souveraine et permanente de sa grandeur et de
son unité. Vouloir réorganiser un régime stable
et régulier en dehors de ce facteur indispen-

sable de l'ordre politique, ce serait s'agiter dans le vide.

III. — Le rétablissement de la monarchie nationale implique, selon nous, la reconstitution de la vie provinciale, sans laquelle toute réforme serait vaine. C'est l'une des erreurs capitales de la Révolution française, nous l'avons déjà dit, d'avoir supprimé ces centres historiques et secondaires qui, sous le nom de provinces, étaient autant de forces organisées et hiérarchisées. Avec l'abolition des douanes à l'intérieur, comme le demandaient à si bon droit les cahiers de 1789, l'unité nationale, au point de vue militaire et politique, n'aurait nullement souffert de la conservation des provinces. Qu'est-il résulté au contraire de leur suppression? Il en est résulté que tout le mouvement politique a été concentré à Paris, et que la France entière reste à la merci de la capitale. Qu'un soldat heureux s'empare du pouvoir ou qu'une émeute triomphante mette le gouvernement à bout de forces, le reste de la France subit la loi du vainqueur, quel qu'il soit, faute de pouvoir offrir une résistance sérieuse dans des assemblées provinciales fortement constituées. Là est l'origine de toutes nos révolutions; et si l'on n'y apporte pas de remède, aucun régime ne sera durable. Cette réforme est-elle donc si difficile? Non assurément. Déjà l'on a refait une ébauche des anciennes provinces dans les cours d'appel, dans les académies et, plus récemment, dans les grands commandements militaires. Que

l'on y ajoute des États provinciaux, pour con-
tre-balancer l'action d'un Parlement unique,
où tout dépend d'une majorité variable, et l'on
aura une garantie certaine contre des surprises
toujours possibles. Sans ce contre-poids indispensable, sous n'importe quel régime, l'ère
des révolutions restera indéfiniment ouverte.

IV. — En matière d'instruction, il faut
que l'État revienne à son véritable rôle, qui
est un rôle de protection, de surveillance et
d'encouragement, au lieu de vouloir usurper
une fonction d'enseignement et d'éducation
qui n'est nullement de sa compétence. Des
universités régionales, autonomes et indépendantes de l'État, se gouvernant par elles-
mêmes, avec leurs méthodes et leurs programmes, sans avoir à subir le mot d'ordre
des bureaux d'un Ministère, et pouvant ainsi
ramener la vie intellectuelle et scientifique
dans les centres provinciaux où elle est singulièrement affaiblie pour ne pas dire qu'elle en
est absente; des écoles primaires, vraiment
communales, où les pères de famille, par
l'organe des conseils municipaux, aient quelque chose à voir et à dire, pour le choix des
maîtres et le caractère de l'enseignement :
voilà des libertés nécessaires, dans l'intérêt
même de la science et au profit de la culture
religieuse, intellectuelle et morale du pays.

V. — Dans l'ordre civil, si l'on veut arrêter,
avec la dépopulation de la France, la ruine de
l'agriculture, du commerce et de l'industrie,
il faut absolument revenir sur les lois successo-

rales, inspirées à la Révolution française par des idées égalitaires à outrance. Le partage forcé des biens, à l'ouverture de chaque héritage, n'est pas seulement une atteinte profonde à la liberté de tester, mais une erreur économique dont les conséquences finiraient par devenir mortelles pour la prospérité du pays.

VI. — Dans l'ordre social, la liberté du travail appelle nécessairement comme correctif et comme complément la liberté d'association, contrairement aux doctrines de Turgot et de la Révolution française. La corporation libre et volontaire, entre hommes du même métier, ouvriers et patrons, sans monopoles ni privilèges, est le seul moyen efficace et pratique pour échapper à l'individualisme et au socialisme également contenus, bien qu'à des titres divers, dans les théories économiques et sociales du siècle dernier.

VII. — Du militarisme, né de la Révolution française, nous n'avons plus rien à dire. Aucune réforme n'est possible à cet égard dans les circonstances présentes. Tant que l'Allemagne détiendra injustement l'Alsace-Lorraine, le fléau des armements universels restera déchaîné sur toute l'Europe. C'est seulement après la réparation de cette grande iniquité, que l'on pourra rentrer dans les vrais principes de la défense des États, et que le désarmement, sur une vaste échelle, s'imposera aux peuples pour leur plus grand bien et pour l'honneur de la civilisation chrétienne.

Nous n'avons pas tout dit, mais nous croyons avoir dit l'essentiel. C'est donc une réaction que vous proposez contre le mouvement révolutionnaire de 1789, nous répondra-t-on? Oui, sans le moindre doute, car le salut de la France est à ce prix : une réaction profonde et vigoureuse; la réaction du bon sens contre l'utopie; la réaction des réalités contre les chimères et les fictions; la réaction de l'expérience contre une suite de déceptions lamentables; la réaction des principes contre l'absence de toute doctrine; la réaction du droit héréditaire et national contre les usurpations de la force; la réaction du christianisme contre les athées et les matérialistes; la réaction d'un pays qui veut vivre, contre les causes d'affaiblissement qui finiraient par le tuer. Si les malheurs du présent et les menaces de l'avenir pouvaient avoir ce résultat, il faudrait en bénir Dieu et en remercier les hommes. Pour moi, il n'y a pas d'autre formule de délivrance que celle-ci : rompre avec les idées révolutionnaires, pour reprendre sans hésitation et d'une main ferme le mouvement réformateur de 1789. Je tenais à le dire hautement, à l'heure où nous sommes, pour le bien de la religion et dans l'intérêt de mon pays, sans me laisser arrêter par aucune autre considération; car je ne me connais au cœur que deux passions : l'amour de l'Eglise et l'amour de la France.

Paris, le 1er janvier 1889.

TABLE DES MATIÈRES

PARIS. - E. DE SOYE ET FILS, IMPR., 18, R. DES FOSSÉS S. JACQUES.

A. ROGER ET F. CHERNOVIZ, ÉDITEURS

7, RUE DES GRANDS-AUGUSTINS, PARIS

POUR PARAITRE EN JUIN 1889

L'ÉGLISE

ET

L'ENFANCE OUVRIÈRE

Par M. l'Abbé SECRÉTAIN
Rédacteur à l'*Univers*

PRÉCÉDÉ D'UNE PRÉFACE

Par Monseigneur FREPPEL

SOMMAIRE

Introduction. — M. de Mun, les œuvres ouvrières, les frères, le
clergé. — Historique de l'enseignement professionnel. — Nécessité des cours d'apprentissage au point de vue de l'intérêt du
patron et des classes laborieuses. — De l'ingérence et de l'in-
compétence de l'État en matière d'enseignement professionnel.
— Du respect des catholiques pour l'apprenti. — Supériorité
de l'enseignement pratique organisé par l'Église au moyen âge
et à notre époque. — Rôle du bienheureux de la Salle et des
frères des Écoles chrétiennes en matière d'éducation professionnelle. — Initiative du clergé dans la question sociale. — Nouveau plan d'éducation professionnelle catholique dans l'école et
en dehors de l'école. — Organisation d'instituts pratiques pour
les fils d'industriels et les fils d'artisans catholiques. — Maisons
de famille, cercles, patronages. — Conclusion. — La nouvelle
école pratique.

E. LE FEBVRE

Rédacteur à la *Gazette de France*.

CENTENAIRE DE 89

CE QU'IL DOIT ÊTRE

ET COMMENT ON PEUT EN TIRER LE SALUT

1 brochure in-8°, 32 pages.........   **1 fr.**

Dans cette étude éminemment pratique, l'auteur montre que, depuis 1789, aucune Assemblée n'a été légale ; que la nation, depuis lors, n'a jamais été réellement consultée ; que le vrai peuple français n'a pas trempé dans les crimes de la Révolution ; qu'il en a été la victime et non l'auteur. Enfin, M. E. Lefebvre montre par quels moyens on peut faire proclamer par le suffrage universel, aux élections prochaines, que la France veut encore aujourd'hui ce qu'elle voulait en 1789 : le maintien de sa constitution nationale, les libertés provinciales et communales garanties par la monarchie, ainsi que le respect de la religion et des droits du père de famille.

Vte F. de SALIGNAC FÉNELON

ARCHITECTURE DU TEMPLE DE SALOMON

CANTIQUES DES CANTIQUES. — RÉPONSE A RENAN

1 vol. broché, in-8°..............   **2 fr.**

A. ROGER ET F. CHERNOVIZ, ÉDITEURS

7, RUE DES GRANDS-AUGUSTINS, PARIS

REVUE

DES

SCIENCES ECCLÉSIASTIQUES

Publiée par des Professeurs de l'Université catholique de Lille

LA REVUE PARAIT UNE FOIS PAR MOIS

PRIX : Pour la France....................... **12 fr.** »
—   Pour l'Europe........................ **13 fr. 50**
—   Autres pays étrangers............. .... **15 fr.** »

L'abonnement court de janvier à janvier.

La collection de 1860 à 1885, formant 48 volumes in-8°,
prix net, **300** francs.

Revue de l'Œuvre des Bons Livres.

LE MANUEL

DES QUESTIONS ACTUELLES

LÉGISLATION — THÉOLOGIE
PHILOSOPHIE — HISTOIRE — SCIENCES — LETTRES

PARAISSANT A LA FIN DE CHAQUE MOIS, EN LIVRAISON DE 80 PAGES

Abonnement, **6 fr.** *— La livraison,* **60** *cent.*

Cette Revue renferme les actes du Saint-Siège, du gouvernement français, des académies et des corps savants; une revue critique des livres nouveaux et des publications périodiques; des articles d'actualité, et des réponses aux diverses questions posées par les abonnés.

Elle « a pour but de tenir au courant de ce qu'il importe le plus de savoir sur les questions présentes en faisant faire une grande économie de temps et d'argent ». L'*Univers* du 5 décembre 1887.

188

www.ingramcontent.com/pod-product-compliance
Lightning Source LLC
Chambersburg PA
CBHW051743090426
42738CB00010B/2394